GÉNÉALOGIE

DE LA MAISON

D'ANGLARS

EN LIMOUSIN ET EN AUVERGNE

PAR

Le Docteur DE RIBIER

PARIS
H. CHAMPION, Éditeur
5, Quai Malaquais, 5

1911

Généalogie de la Maison d'Anglars

en Limousin et en Auvergne

GÉNÉALOGIE
DE LA MAISON
D'ANGLARS
EN LIMOUSIN ET EN AUVERGNE

PAR

Le Docteur de RIBIER

PARIS
H. CHAMPION, Éditeur
5, Quai Malaquais, 5

1911

A la mémoire
de ma grand'mère maternelle
Marie-Antoinette-Sophie d'ANGLARS de BASSIGNAC
Comtesse de SARTIGES

L. DE R.

D'ANGLARS

Seigneurs d'Anglars, Charlus-Le-Pailloux, Saint-Victour, Soubrevèze, Margeride, Bassignac, Le Rieu, La Barandie, Le Vialard, Le Roquet, La Meyran, Rochecharles, La Garde, Chalaniat, Combes, Saint-Saturnin, etc., barons de Salers, Fontanges, Pestel, La Roche et Branzac, en Limousin et en Auvergne, *qualifiés comtes de Bassignac* (1).

De sable, au lion d'argent, armé, lampassé et couronné de gueules, accompagné de trois étoiles d'argent, deux et une. (2).

La Maison d'Anglars est d'origine limousine, elle tire son nom d'un ancien fief situé dans la commune de Ste-

---

(1) Quelques années avant la Révolution, et depuis lors, la plupart des représentants de cette famille ont pris le titre de comte et quelques-uns celui de marquis de Bassignac. Bien que l'usage ait, en quelque sorte, consacré le premier, ils sont l'un et l'autre de pure fantaisie et aucun acte authentique ne les autorise.

(2) Les armes ci-dessus sont reproduites d'après le *Nobi-*

Marie-La-Panouse, canton de Neuvic, département de la Corrèze. (1).

Cette terre, nous dit Chérin (2), fut longtemps possédée par les seigneurs d'Ussel, qu'on croit issus des vicomtes de Ventadour, puinés des vicomtes de Comborn... Dans le

---

liaire d'Auvergne de Bouillet (I. 33). — Les divers auteurs en ont donné plusieurs variantes. Cette diversité tient, pensons-nous, à ce que le blason peint, fourni par François d'Anglars, avec les pièces qu'il produisit devant l'Intendant d'Auvergne de Fortia, lors des recherches de noblesse de 1666, a été égaré et ne se trouve plus dans le manuscrit qui contient les dites pièces. Quoi qu'il en soit, nous allons donner les différentes lectures des généalogistes : Denis-Louis d'Hozier, en 1770, supprime la *couronne* (*Bibl. Nat. Ms. fr.* 31231.) Chérin en 1789, trois *croissants* au lieu de trois *étoiles*. (*Ibidem*, 31568.). Nadaud dans son *Nobiliaire de la généralité de Limoges* (I, 33.) : *D'argent, à un lion passant de gueules, armé et lampassé de même, soutenu de six fasces de gueules et d'argent*. Enfin, M. Chaix d'Est-Ange dans le *Dictionnaire des familles françaises anciennes ou notables à la fin du* XIXe *siècle* (I, 220.) leur donne *cinq* étoiles au lieu de *trois*.

(1) Il a existé dans le centre de la France quatre autres familles du nom d'Anglars, toutes quatre éteintes, et n'ayant aucun lien de parenté avec celle qui nous occupe :

1º Les d'Anglard, alias Anglardon, originaires du château d'Anglard, paroisse du Quartier, près Pionsat, en Auvergne, fixés dans la suite au château de Rochegude, paroisse de Charbonnière-les-Vieilles, dont la dernière, Gilberte d'Anglard, épousa le 17 février 1654, Jean d'Astorg, seigneur de La Feuillade. Armes : *De sinople, à deux fasces d'or et un poisson d'argent en pointe, posé en fasce*. (*Bibl. Nat. Ms. fr.* 30890.).

2º Les d'Anglars du Claux, originaires des environs de Figeac, en Quercy, anoblis en 1323. Le généalogiste Lainé les a confondus avec les d'Anglars de Bassignac. Ils firent leurs preuves pour Saint-Cyr en 1725, 1759 et 1776 et portaient : *D'argent, à trois fasces de gueules, surmontées d'un lion passant de même*.

3º Les d'Anglars de Crézancey, en Berry, qui firent également leurs preuves pour Saint-Cyr, en 1725. Armes : *D'argent, à un lion de gueules*.

4º Enfin, en 1490, il existait en Auvergne une famille d'Anglard, possessionné près de Nonette, elle portait : *De gueules, au loup passant d'argent*. (Tardieu).

(2) Bibl. Nat. Ms. fr. 31568. *Chérin*, 6.

Bâti sur la rive droite de la Dordogne, le château d'Anglars occupe le sommet d'un rocher à pic formant promontoire et surplombant la rivière de plus de 250 mètres. Un corps de

xv° siècle la Maison d'Anglars forma trois branches : l'aîné finit dans la Maison de Montfaucon, au diocèse de Nîmes (1), la seconde existait encore dans le siècle suivant (2), et la troisième est celle des d'Anglars de Bassignac (3).

---

logis à un étage dont le pignon domine la Dordogne occupe la plus grande partie du rocher et est terminé par une tour carrée, ancien donjon démantelé et presque démoli. A cette tour en est accolée une seconde plus petite, vraisemblablement du xvi° siècle, carrée aussi extérieurement, elle est ronde à l'intérieur et sert de cage d'escalier. Le donjon, beaucoup plus ancien, ferme l'accès du rocher, complètement inabordable de tout autre côté.

(1) Voir plus loin, page 11.

(2) Elle se finit en 1512 et en 1523 dans celles de Montclar et de Dienne, et en 1575 dans celle de Saint-Nectaire.

(3) Elle s'est perpétuée jusqu'à Eugène-Léon d'Anglars de Bassignac, dernier mâle de sa maison, mort sans postérité à Mauriac, le 12 novembre 1894.

CHRONOLOGIE DES SEIGNEURS D'ANGLARS

I

Hugues Ier d'Anglars, chevalier, seigneur d'Anglars, est le premier membre de cette maison, connu par titres authentiques. Il testa à Chirac (1), en 1326, et voulut être inhumé dans l'église de Sainte-Marie-La-Panouse, sa paroisse. Dans cet acte, il fait des legs à ses quatre fils, leur substituant Guérin de Soudeilles (2), son neveu, et il institue pour son héritier universel Hugues d'Anglars, son petit-fils. Il laissa :

A. Robert, qui suit.
B. Ebles,
C. Guérin, } Tous légataires de leur père, dans le tes-
D. Pierre, } tament de 1326.
E. Guy.

II

Robert d'Anglars, chevalier, seigneur d'Anglars, est rappelé dans le testament de 1326, comme père d'Hugues II, qui suit.

III

Hugues II, d'Anglars, chevalier, seigneur d'Anglars, héritier d'Hugues Ier, son ayeul, transigea en 1335 avec Eble VIII de Ventadour et ils convinrent de s'en tenir à ce que le roi Philippe VI de Valois avait décidé à leur

---

(1) Chirac : Chef-lieu de commune du canton de Neuvic (Corrèze).

(2) De Soudeilles : *Echiqueté d'argent et d'azur.* (Rietstap.) *Note de Chérin* : Arch. de Soubise. Titres de Ventadour, liasses 220, 150 et 176. — Communiqué par l'abbé de Givigney, garde des titres et généalogies à la Bibliothèque du Roi,

Le château d'Anglars
(1911)

égard, par lettres données l'année précédente. Il fut père de deux enfants :

    A. Dauphine, abbesse de Bonnesaigne, de 1365 à 1380 (1).

    B. Yves, qui suit.

IV

Yves d'Anglars, chevalier, seigneur d'Anglars, rendit hommage en 1397, au comte de Ventadour. Il laissa une fille unique, Galienne d'Anglars (2), qui suit.

V

Galienne d'Anglars, dame d'Anglars, épousa vers 1385 Georges d'Ussel, chevalier, fils de Guillaume d'Ussel, damoiseau, co-seigneur d'Ussel, etc., et d'Antoinette de Montfaucon. Dans le contrat de mariage, Georges d'Ussel, fut substitué au nom et armes d'Anglars (3). Ils eurent un fils, Astorg, qui suit :

---

(1) Abbé T. Bourneix : *Les Bénédictines de Bonnesaigne*, p. 190, Brives, Roche imp. 1904.

(2) Chérin ignorait l'existence de cette fille et nous dit : « *On présume qu'Yves d'Anglars fut père d'Astorg.* »

(3) Voici très résumée, d'après Nadaud, l'ascendance de Georges d'Ussel :

    XVI. Guillaume d'Ussel, damoiseau, co-seigneur d'Ussel, seigneur de Charlus-Le-Pailloux, La Garde-Guillotin, etc. et d'Antoinette de Montfaucon.

    XV. Hugues III, chevalier, co-seigneur d'Ussel, etc., 1328-1356.

    XIV. Elie III, chevalier, co-seigneur d'Ussel, 1308-1324.

    XIII. Guillaume, damoiseau, co-seigneur d'Ussel, etc., 1275.

    XII. Elie II, chevalier, co-seigneur d'Ussel, etc., 1269.

    XI. Hugues II, chevalier, co-seigneur d'Ussel, etc., 1216-1225 ; marié avec Anaïs de Chénerailles.

    X. Robert, chevalier, co-seigneur d'Ussel, etc., 1195-1219.

    IX. Hugues Ier, chevalier, co-seigneur d'Ussel, etc., 1185, marié avec Constance.

    VIII. Elie Ier, chevalier (*Miles*), co-seigneur d'Ussel, 1170, marié avec Aiceline de Chaslus.

    VII. Guillaume d'Ussel, co-seigneur d'Ussel, seigneur de Charlus-Le-Pailloux, Le Bech, Eygurande, etc., fonda en 1157 l'abbaye de Bonnaygue. Sa femme s'appelait Jeanne (*Nadaud, IV*, 608 *et s.*). Il était fils de :

VI

Astorg d'Ussel-Anglars, chevalier, seigneur d'Anglars en vertu de la substitution faite au profit de son père, par Yves d'Anglars, son ayeul. Il se maria deux fois :

1º Par contrat du 7 juillet 1407, avec Dauphine d'Ussel (1), fille d'Hugues, seigneur de Charlus-Le-Pailloux et de Dauphine Marchès, qui lui constituèrent en dot quatre mille écus d'or ;

2º Par contrat du 6 novembre 1418, avec Marguerite de Rochedagoux (2), dame de Saint-Victour et de Soubrevèze (3), fille de Vital, chevalier, seigneur de La Vaurethe,

---

VI. Ebles III, vicomte de Ventadour et d'Alaïs de Montpellier, sa seconde femme, fille de Guillaume Ier et de Sybille.

V. Ebles II, dit : *le Chanteur*, vicomte de Ventadour, marié vers 1130 avec Agnès de Bourbon-Montluçon, fille de Guillaume. Il mourut au Mont-Cassin en 1170, au retour de Jérusalem.

IV. Ebles I, premier vicomte de Ventadour, marié à Almodie de Montron, veuve de Gaucelin de Pierrebuffierre. Il mourut en 1096 et était le second fils de : (*Nadaud*, IV, 247.).

III. Archambaud II, vicomte de Comborn, et de Rotberge de Rochechouart. Fils de :

II. Ebles, vicomte de Comborn, vivant en 1010 et de Béatrix, sœur de Richard II, duc de Normandie.

I. Archambaud, son père, dit *Jambe-Pourrie*, fut le premier vicomte de Comborn, connu par titre en 962. Il était probablement fils de Hugues, comte de Quercy. Il épousa Sulpicia de Turenne, fille de Bernard, vicomte de Turenne. (*Nadaud*, I, 399.).

De Ventadour : *Echiqueté d'or et de gueules.*

De Comborn : *De gueules à deux lions léopardés d'or l'un sur l'autre.* Nadaud : *Nobiliaire de diocèse et de la Généralité de Limoges.* Limoges, Ducourtieux, 1880. — Justel : *Histᵗ généalogique de la Maison d'Auvergne*, Paris, 1645. — Baluze : *Hist. généalogique de la Maison d'Auvergne*, I, 284, Paris, 1708).

(1) D'Ussel : *D'azur, à une porte d'or, la serrure et le bris d'huis de sable, accompagné de trois étoiles d'or.*

(2) De Rochedagoux : *D'azur, au lion d'or, échiqueté d'or et de gueules.*

(3) Soubrevèze : Ancien château aujourd'hui détruit, situé dans le village de ce nom, commune de Marchastel, canton de

et d'Alixe de La Roche ; elle fut dotée d'une rente de 60 livres et de quatre mille livres d'or du Roi de France, valant chacune 22 sols et 6 deniers.

Astorg d'Anglars testa le 30 novembre 1428, *étant sur le point d'accompagner Charles, comte de Ventadour, qui se disposait à marcher contre les Anglais qui assiégeaient Orléans.*

Il laissa :

Du premier lit : A. Jean, seigneur de Charlus-Le-Pailloux, marié avec Agnès de Montmorin, veuve de Gilbert de Baserne, seigneur de Champeroux, et fille de Jacques de Montmorin, seigneur de Rillac et d'Auzon et de Jeanne Gouge dite *de Charpagne* (1), dont il n'eut pas d'enfants. Il testa le 3 janvier 1457, laissant cent écus d'or à Antoinette, sa fille bâtarde et deux cents à Charles de La Beysseire, son neveu. Par cet acte il instituait pour héritier universel Georges d'Anglars, lui substituant Jean, son frère utérin.

B. Georges, seigneur d'Anglars, héritier universel de son père, qui épousa Jeanne d'Ornhac (2), dont il n'eut qu'une fille, Anne d'Anglars, mariée avec Claude de Montfaucon (3), che-

---

Condat-en-Feniers (Cantal). M. de Chazelles, dans le *Dictionnaire du Cantal*, IV, 123, a écrit que Jean d'Anglars, seigneur de Soubrevèze en 1508, eut une fille qu'il maria à Louis de La Volpilière, seigneur de La Batisse et de Chalusset. — Tous les documents que nous avons consultés nous laissent supposer que cet auteur a commis une confusion et que le fait est inexact.

(1) De Montmorin : *De gueules, semé de molettes d'éperon d'argent, au lion de même brochant.* — Père Anselme, T. VIII, p. 818.

(2) D'Ornhac : *D'or, à trois corbeaux de sable* (Rietstap.)

(3) De Montfaucon : *D'azur, au sautoir d'argent cantonné de quatre fleurs de lys d'or.*

valier, seigneur d'Alest, baron de Vezenobre, etc., sénéchal de Carcassonne, qui testa au château d'Arliac, le 10 mars 1487, laissant un fils et cinq filles. L'une d'elles, Jeanne de Montfaucon est qualifiée en 1543, dame de Lampret, près Champagnac, en Haute-Auvergne, et d'Anglars en Limousin ; elle épousa Louis de La Croix, baron de Castries, fils de Guillaume et de Françoise de Cezelly, qui fut la tige des barons d'Anglars (1). La descendance de ce dernier s'est perpétuée jusqu'à Jacques de La Croix de Castries, dernier baron d'Anglars, époux de Sophie-Françoise-Angélique de La Fressange, dont la fille Marie-Geneviève-Thérèse-Yrène, née au château d'Anglars, le 28 novembre 1823, a épousé Pierre-Hugues-Philippe de Lauzières, comte de Thémines. Elle est morte sans postérité à Ussel (Corrèze), le 21 novembre 1893 ; après avoir échangé avec M. Ambroise de La Porte, le château et la propriété d'Anglars contre la propriété de La Croix d'Or, située au Mans (Sarthe), et une somme de deux cent soixante-dix-sept mille francs (3).

---

(1) Dr de Ribier : *Charlus-Champagnac et ses seigneurs*, p. 30, et d'Hozier : *Armorial général*, Registre V, p. 446.
Cet acte daté de Firminy (Loire), le 8 septembre 1875, a été déposé le 12 au nombre des minutes de Me Beyne, notaire à Liginiac (Corrèze). Madame de Thémines avait acquis la terre d'Anglars à la barre du tribunal civil d'Ussel, les 4 juin et 3 septembre 1864 ; son père, Jacques de La Croix de Castries ayant été exproprié et sa sœur Joséphine, épouse de Félix d'Anglard, ayant renoncé à la succession de leur père, à Ussel,

C. Galienne, mariée avec Antoine de La Beysseire (1), damoiseau, seigneur de Marsilhac, en Limousin. Elle reçut de son père un legs de trois cents écus d'or et de dix livres de rente dont elle donna quittance à ses frères le 24 mai 1431.

D. Marguerite-Antoinette, légataire de son père d'une somme égale, devint religieuse bénédictine et était prieure du monastère de Champagnac, lorsque le 14 décembre 1440 Dauphine de Chabannes, abbesse de Bonnesaigne, la nomma sa mandataire et qu'en cette qualité elle rendit hommage à Bertrand de La Tour, le 16 avril 1441 (2).

Du second lit: E. Jean, seigneur de Saint-Victour et de Soubrevèze, légataire de son père, épousa Philippie de Lubertès (3), dont :

I. Antoine d'Anglars, damoiseau, seigneur de Saint-Victour, marié en 1504 avec Hélène de Gain (4), fille de Jacques, seigneur de Linars, qui lui donna deux fils :

1º Jacques, seigneur de Saint-Vic-

---

le 29 avril 1864. M. de La Porte, vendit la terre et le château d'Anglars devant Mᵉ Dayras, notaire à Ussel, le 12 février 1878 à M. Charles-Marie-Gabriel L'Ebraly, ancien député de la Corrèze, pour le prix de cent cinquante mille francs. C'est à l'obligeance de son fils, M. Eugène L'Ebraly, avocat à Clermont-Ferrand, propriétaire actuel, que nous devons ces renseignements.

(1) De La Beysseire :
(2) H. de Chabannes : *Histoire de la maison de Chabannes.* Preuves I, 148, et *Charlus-Champagnac,* p. 144.
(3) De Lubertès :
(4) De Gain : *D'azur, à trois bandes d'or.*

tour en 1549 et 1559, marié avec Anne de Constant (1), dame de Bourzolles, qui le rendit père de Françoise d'Anglars, épouse par contrat du 24 avril 1575 de Jacques de Saint-Nectaire (2), chevalier, baron de La Grolière, Brinon-sur-Soudres, etc., chevalier de l'Ordre du Roi, gentilhomme ordinaire de sa chambre, second fils de Nectaire de Saint-Nectaire et de Marguerite d'Etampes. Françoise d'Anglars était veuve en 1600 et ne vivait plus en 1617 (3). Elle avait acquis le hameau de Vernéjoux, paroisse de Chirac, en Limousin, de Gilbert de Chauvigny de Blot et en 1613 elle l'échangea avec Marguerite de Montmorency, duchesse de Ventadour (4).

2° Antoine, seigneur de Saint-Victour et de Margeride en 1532.

II. Hector, seigneur de Viermont (5).

III. Bertrand d'Anglars, seigneur de Saint-Victour et de Soubrevèze, marié par contrat passé devant Maronne, notaire, le 14 mai 1493, avec Lucques de Bort de Pierrefitte (6), fille de Georges, seigneur

---

(1) De Constant : *De gueules, à trois fasces d'or, au chef de même chargé de trois bandes de gueules.*

(2) De Saint-Nectaire : *D'azur, à cinq fusées d'argent, mises en fasces.*

(3) Père Anselme : *Histoire généalogique et chronologique... des grands officiers de la couronne*, etc., T. IV, p. 894.

(4) Poulbrières : *Dictionnaire des paroisses du diocèse de Tulle*, I, 347.

(5) Bibl. nat. Ms. fr. 30.256. *Carré d'Hozier*, 27.

(6) De Bort : *D'azur, au sautoir engrelé d'or.* — Cf. Arch. P.-de-D. *Fonds Ribier-Sartiges*, Carton XIV, Cote 36.

de Longevergne et de Claude de Beauvoir, dont il eut :

1º Jeanne, mariée le 16 juin 1512 avec Guinot de Montclar, seigneur de Montbrun, fils de Guillaume II et de Marie d'Espinchal (1).

2º Marguerite, dite *de Longevergne*, religieuse bénédictine, prieure du monastère de Champagnac, en 1533, comme l'avait été sa grand-tante Marguerite-Antoinette d'Anglars, près de cent ans auparavant, elle résigna son prieuré le 7 juin 1555 (2).

3º Françoise, mariée en 1523 avec Charles de Dienne de Chavaniac (3).

4º Pierre, seigneur de Soubrevèze.

5º Jacques, seigneur de Soubrevèze et de Longevergne qui conjointement avec son frère Pierre, traita le 30 juin 1532 avec leur oncle Antoine d'Anglars, seigneur de Saint-Victour, au sujet de la succession d'Hector d'Anglars, seigneur de Viermont, leur autre oncle (4).

IV. Marguerite, mariée le 24 novembre 1478 avec Jean Malengue, damoiseau, seigneur de Lespinasse, paroisse de Latourelle, diocèse de Limoges, et frère de Catherine de Lespinasse, mariée avec Charles de

---

(1) Bouillet : *Nob. d'Auv.* IV, 242. — de Montclar : *D'azur, au chef d'or.*

(2) Arch. du P.-de-D. — *Insinuations ecclésiastiques.* Registre 30, fº 119.

(3) De Dienne : *D'azur, au chevron d'argent, accompagné de trois croissants d'or.*

(4) Bibl. nat. Ms. fr. 30.256. *Carré d'Hozier*, 27.

Sartiges de Lavendès (1). Elle reçut une avance de dot de quatre cent dix-neuf livres dont son mari donna quittance à Jean d'Anglars le 19 mars 1479.

F. Jean, qui conserva le nom d'Ussel, encore représenté de nos jours (2).

G. Jeanne, mariée le 20 janvier 1434 avec Jacques de Verneughol (3), écuyer, seigneur de La Bachellerie et de Chanterie.

H. Eglenette,
I. Isabelle,
{ destinées à la vie monastique dans le testament de leur père du 30 novembre 1428.

J. Jean III, enfant posthume, auteur de la branche des d'Anglars de Bassignac, qui suit (4) :

---

(1) De Courcelles : *Histoire des Pairs*, XI, 17, en note.

(2) Il existe de nos jours deux branches de la Maison d'Ussel :
1° Celle des marquis d'Ussel, baron de Châteauvert, fixée au château du Bost, près Magnac (Creuse), et à Lacelle (Puy-de-Dôme), où elle est représentée par Prosper, marié avec Mademoiselle Mareuges, d'Issoire, et son frère Pierre.
2° Celle des comtes d'Ussel, fixée à Neuvic, représentée par Jacques-Marie-Philibert, né le 9 avril 1841, ancien élève de l'Ecole Polytechnique, et son frère Paul-Marie, né le 13 février 1843, ancien commandant de chasseurs à pied, qui ont l'un et l'autre plusieurs fils.

(3) De Verneugheol :

(4) Chérin, *loc. cit.*

SEIGNEURS DE BASSIGNAC

VII

Jean d'Anglars, damoiseau, fils posthume d'Astorg d'Anglars et de Marguerite de Rochedagoux, sa seconde femme, reçut d'autre Jean d'Anglars, seigneur de Saint-Victour, son frère utérin, 180 écus d'or pour sa part héréditaire, il lui en donna quittance le 8 septembre 1454, en présence de Georges d'Anglars, seigneur d'Anglars et de Jean d'Anglars, leurs frères consanguins, devant de Lafont, notaire.

Château de Bassignac

Jean d'Anglars épousa Françoise de Bassignac (1), fille d'Hugues, seigneur de Bassignac et d'Isabelle Renaud, sa

---

(1) Bassignac, chef-lieu de commune, du canton de Saignes, arrondissement de Mauric (Cantal). Ne comprend que le château, la ferme, la cure et l'église.
Le plus ancien seigneur connu est Rodulphe de Bassignac qui en 1228 reconnut au monastère de Mauriac, tout ce qu'il pos-

femme, elle lui apporta la terre de Bassignac dont ses descendants ont toujours porté le nom depuis lors.

Le 10 juin 1460, il rendit hommage pour la terre de Bassignac, à Louis de Ventadour, à cause de sa seigneurie de Charlus-Champagnac (1) ; le 6 janvier suivant, il reçut divers cens et rentes de la part des religieux de Mauriac (2), enfin le 3 avril 1476 nous le voyons donner le mas du Rieu, Prades et ses dépendances (3) en emphitéotes à Jean de Molier.

Il ne vivait plus le 4 décembre 1480, jour où sa veuve et son fils Jean confirment le dit bail.

VIII

Jean d'Anglars, seigneur de Bassignac, revendit des rentes le 31 août 1484 à divers habitants d'Ydes, moyennant : *sept écus en or au soleil, deux écus d'or à la vache, un réau d'or, un salut, une ride, un écu vieux, deux frolins au tiers, une madelêne, une moitié d'écu d'or neuf et quatre livres, dix-huit sols, six deniers.*

Il avait épousé Anne de Balzac (4) et ne vivait plus le 23 décembre 1511.

---

sédait sur Jean d'Autressal et sur le mas de Bouissou et de Combret (de Ribier du Châtelet : *Dict. du Cantal*, I, 248.)

Gérardus II, de Bassignac, était abbé de Valette, en Limousin, lorsque le vendredi d'août, après la fête de saint Barthélemy, 1217, il fit un accord avec Odon de Saignes (*Gallia Christiana*, II, 682.)

Guyotte de Bassignac était prieure de Saint-Genès-les-Monges en 1342 (Tardieu : *Dict. du Puy-de-Dôme*, p. 307.)

Hugues de Bassignac, seigneur du lieu, beau-père de Jean d'Anglars, rendit hommage en 1390 pour sa terre de Bassignac, à Raymond de Roger-Beaufort, comte de Charlus. En 1409, il céda le tènement de Prades à Pierre de Chapitol. (Dict. du Cantal, *loc. cit.* et Chérin, 6.)

(1) Dr de Ribier : Charlus-Champagnac et ses seigneurs, p. 69. Paris, Champion, 1902.

(2) Arch. du Cantal : *Layette 15, liasse 1, cote 9.*

(3) Le Rieu, château moderne, commune de Bassignac. — Prades, aujourd'hui *Emprades*, ferme, même commune.

(4) de Balzac : *D'azur, à trois flanchis d'argent, au chef d'or chargé de trois flanchis d'azur.*

IX

Bernard d'Anglars, écuyer, seigneur de Bassignac, donna à bail emphitéotique conjointement avec sa mère Anne de Balzac, le 23 décembre 1511, la moitié du mas de Prades, à Pierre et Antoine Montel, de Lagout, paroisse de Sauvat. Le 16 janvier 1512 il fut témoin au contrat de mariage de Jean de Sartiges de Lavendès et de Marguerite de La Villatte passé devant Etienne Textoris, notaire de Charlus (1). Le 10 juin 1518, il fit son aveu et dénombrement à Jean de Lévis, comte de Charlus-Champagnac, pour sa terre et seigneurie de Bassinac, comprenant : *le repaire et domaine de Bassignac, l'affar de Mercurol, le mas del Ogats, del Rieu, de Bursalo et d'Aiguevives* (Jaleyrac) (2). Sur le point de marcher au service du Roi, il testa à Clermont le 27 mai 1533 devant Chavialle, notaire (3). Par cet acte nous savons qu'il avait cinq enfants légitimes et deux bâtards :

A. Etienne, qui suit.

B. Pierre,
C. Jean,
D. Louise,
E. Anne,
légataires de leur père, chacun d'une somme de 400 livres.

Les deux bâtards : Antoine, fils d'Agnès Randoyre et Antoine, fils d'Antonia Pradelle, d'Ydes, eurent aussi un legs.

X

Etienne d'Anglars, écuyer, seigneur de Bassignac, épousa par contrat du 6 février 1535, Jeanne du Châtelet (4), fille de feu Robert et d'Antoinette de Traverse,

---

(1) Archives généalogiques de la Maison de Sartiges. Clermont-Ferrand, Thibaud, 1865, p. 122, n° 130.

(2) Arch. du P.-de-D., *Fonds Ribier-Sartiges*, liasse 39.

(3) Bibl. nat. Ms. fr. 30.256. *Carré d'Hozier*, 27.

(4) Du Châtelet : *D'azur, au chêne d'or, au levrier courant d'argent, brochant sur le fût de l'arbre.*

alias d'Anterroches devant Jacques de Combes, notaire et châtelain de Saignes. Jeanne du Châtelet étant mineure, ainsi que Jacques et Antoine du Châtelet, ses frères, on réunit un conseil de famille où assistèrent : Jacques d'Anterroches, écuyer, seigneur du lieu ; Jacques de La Blanchie, écuyer, seigneur de Layre ; Guillaume Degrenon, Antoine de Molergues, Antoine de Chavialle et Messire Jacques de Grayssac, prêtre. La future reçut : « quatre robes, une de damas, *l'autre de satin, les deux autres une aussi en satin ou camelot double, les manches de velours et le bas de taffetas armoisin,* avec 600 livres, plus cent autres livres que lui donna Jacques d'Anterroches, son oncle maternel. »

Etienne d'Anglars ne vivait plus le 27 janvier 1544, ayant été tué en duel par Jacques de La Blanchie, seigneur de Layre (1). Il laissa cinq enfants, connus par la vente que le meurtrier de leur père dut consentir à sa veuve le 22 juin suivant :

A. Antoine, qui suit.

B. Antoine, second du nom.

C. Gilberte.

D. Hélips.

E. Françoise, mariée le 8 février 1582 à Jacques de Giou (2), écuyer, seigneur du lieu.

XI

Antoine d'Anglars, écuyer, seigneur de Bassignac, était mineur à la mort de son père. Il rendit hommage pour sa terre de Bassignac, à Jean de Lévis, comte de Charlus-Champagnac et de Granges, et à Claude de Lévis, son fils, les 5 juin 1560, 28 juin 1561 et 13 février 1583. Par contrat du 21 février 1574, il avait épousé Antoi-

---

(1) De Ribier du Châtelet : *Notes manuscrites.*

(2) De Giou : *D'or semé de fleur de lis d'azur, au chef d'azur chargé de trois étoiles d'or et d'un lambel de gueules brochant.*

nette de Gouzel (1), fille de Guy, écuyer, seigneur de Ségur et de Marmiesses, et de Louise de Pouzol.

Le 16 août 1587, il obtint un certificat de service de Claude de Lévis-Charlus, chevalier de l'Ordre du Roi, capitaine d'une compagnie de cinquante hommes d'armes.

Antoine d'Anglars, commandait le château de Vodable, près Issoire, lorsqu'il fut surpris le 24 décembre 1587 par le capitaine huguenot de Saint-Angel de Viermont, qui s'empara du château (2).

Conjointement avec Antoinette de Gouzel, sa femme, et Guy d'Anglars, leur fils aîné, il ratifia le 29 décembre 1608, l'autorisation donnée le 22 à Antoine de Molier, lieutenant du *Motier* de Charlus, par Jean de Lévis, afin de réparer la chapelle de Saint-Barthélemy en l'église de Bassignac, d'y avoir un banc et le droit de sépulture, sous réserve toutefois de la jouissance dudit banc le jour de la saint Barthélemy. (Boisse, notaire.)

Il testa le 7 mai 1610 et ne vivait plus le 21 juillet 1612, laissant neuf enfants :

A. Guy, qui suit.

B. Gabriel, rapporté dans le contrat de mariage de sa sœur Hélips.

C. Jean, auteur de la branche de *La Garde*, rapportée plus loin, p. 51.

D. Claude, sieur du Rieu, auteur de la branche de Chalagnat, rapportée plus loin, page

E. Hélips, mariée par contrat du 22 juin 1612 avec

---

(1) De Gouzel de Ségur: *De gueules, à la coquille d'argent, sommée d'une étoile d'or, au chef de même, chargé de trois étoiles de gueules.*

(2) Abbé Poulbrières : *Dict. des Paroisses du diocèse de Tulle*, III, 15. — Tardieu (*Dictionnaire du Puy-de-Dôme*, p. 359) Certains auteurs l'ont appelé à tort Virmont de Fontanges. Ce personnage était fils de Charles de Rochefort, seigneur de Saint-Angel, en Limousin, et avait pris le nom de *Viermont*, d'une terre faisant partie de son domaine de Valiergues.

Pêtre-Jean de Sirejehan (1), capitaine du château de Charlus, fils de Guillaume. (Crauzin, notaire) (2).

F. Louis, donataire de sa mère, ainsi que Guy et Jean, ses frères, le 12 août 1639.

G. Louise, mariée avec Guinot Durant (3), habitant Veyrières ; devenue veuve, elle épousa Guillaume Chavialle.

H. Louise, mariée, par contrat du 29 juillet 1612, avec Guillaume Vergne, de Seviolles (Veyrières), fils de feu Jehan et d'Hélips Manzagol (4).

I. Joseph, né en 1596, page de Jean II de Lévis, comte de Charlus, assassiné avec son maître à Mézambin, près du château de Poligny, en Bourbonnais, en octobre 1611, par les frères de Gadagne et quelques autres seigneurs. — Sa mère et Diane de Daillon, veuve de Jean de Lévis, dont un fils avait été aussi assassiné dans cet affreux guet-à-pens, poursuivirent les meurtriers avec tant de courage et de persistance, qu'elles obtinrent leur condamnation par un arrêt du Grand-Conseil du 21 juillet 1612 (5).

XII

Guy d'Anglars, écuyer, seigneur de Bassignac, épousa le 2 septembre 1606, Catherine de Ribier, fille de Jean

---

(1) De Sirejehan alias Siregan : *D'azur à une main gantelée en fasce supportant un épervier longé d'or, au chef cousu de gueules, chargé de deux croissants d'argent* (Rietstap.) — Le père de Petre Jean de Sirejehan, Guillaume, capitaine du château de Charlus, y mourut et fut enseveli dans l'église de Bassignac le 7 janvier 1621. — Cette famille originaire de Guyenne et Gascogne, suivit à Charlus les seigneurs du lieu.

(2 et 3) Arch. du Puy-de-Dôme, *Fonds Ribier-Sartiges*, liasse XI. — Durant :

(4) Arch. de Ribier : *Copie originale sur papier.*

(5) Voir les détails dans notre étude : *Charlus-Champagnac et ses seigneurs*, pp. 111-116.

Guy d'Anglars et Catherine de Ribier
(1663)

Tableau votif de l'église de Bassignac (Cantal)

de Ribier, écuyer, seigneur de Chavaniac, et d'Hélène de Sarran, à laquelle Diane de Daillon, comtesse de Charlus, fit don de cinq cent soixante livres (Pierre Textoris, notaire) (1).

Le 19 décembre 1621, il acquit de François de Chabannes, comte de Saignes, la justice haute, moyenne et basse, sur le hameau de La Barandie. Guy d'Anglars servit dans la compagnie de gendarmes de Gaston d'Orléans, et fut chargé par François de Noailles, lieutenant-général pour le Roi en Haute-Auvergne, sénéchal et gouverneur de Rouergue, de conduire dix maîtres de cette compagnie, suivant ordre de marche donné à Rodez le 3 juillet 1628.

Le vieux prieuré de Bassignac tombait en ruines, on le lui céda en 1630 ; il fit aussi restaurer l'église en 1633 et pour en perpétuer le souvenir, un tableau votif fut placé derrière le maître-autel. On y voit au pied de la croix Guy d'Anglars en manteau rouge et Catherine de Ribier sa femme, vêtue de noir et en religieuse ; le peintre y a également figuré la Sainte Vierge, sainte Magdeleine et saint Jean, ainsi que les écussons des deux familles (2).

Charles de Lévis désigna Guy d'Anglars, le 17 août 1644, pour recevoir en son lieu et place les hommages des vassaux de Charlus ; il résidait tantôt au château de Bassignac, tantôt à celui de Charlus et c'est là que Ca-

---

(1) Arch. du P.-de-D. *Insinuations de Riom*. Registre 99, fº 234. — et *Histoire généalogique de la Maison de Ribier*, p. 41. Paris, Champion, 1907. — De Ribier : *De gueules, au levrier passant d'argent, colleté de gueules, au chef cousu d'azur, chargé de trois étoiles d'or.*

(2) En parlant de ce tableau, nous écrivions en 1902 (*Charlus-Champagnac*, p. 128) : « A défaut de valeur artistique, il a du moins le mérite d'être trois fois centenaire. » Justice lui a enfin été rendue et par arrêté du Ministre de l'Instruction publique et des Beaux-Arts, du mois de novembre 1908, il a été classé parmi les monuments historiques. (*Revue de la Haute-Auvergne*, 1909, p. 99.)

therine de Ribier ratifia le contrat de mariage de son fils François, le 22 mai 1642 (1).

Elle mourut à Bassignac le 23 mars 1650 âgée de 70 ans (2), Guy d'Anglars mourut à 80 ans le 27 novembre 1658 et fut inhumé dans l'église de Bassignac (3).

Ils avaient eu cinq enfants :

A. François, qui suit.

B. Pierre.

C. Antoine-François, sieur de La Barandie ; marié le 8 juillet 1635 avec Catherine de La Borde, fille de feu Louis, et de Dianne de Lavalle (4).

D. Antoinette, née en avril 1617 (5).

E. Louise, née le 17 mai 1618 (6).

XIII

François d'Anglars, écuyer, seigneur de Bassignac et de La Barandie, naquit vers 1612. Il servit d'abord dans les chevau-légers commandés par le marquis d'Allègre, ainsi qu'il résulte d'un certificat du 10 octobre 1635 ; puis il entra dans la compagnie de gendarmes du Roi. Nous le retrouvons enfin aux armées de Champagne et de Picardie, sous les ordres du comte d'Estaing, capitaine-lieutenant de deux cents hommes d'armes, comme nous l'apprend un second certificat du 15 novembre 1638.

Par contrat du 20 mai 1642, François d'Anglars épousa Gabrielle de Tautal (7), fille de Jean, seigneur de Chante-

---

(1) Arch. du P.-de-D., *Insinuations de Riom*. Registre 164, fo 134, Vo.

(2, 3, 5, 6) Anciens registres de catholicité de Bassignac.

(4) Arch. du P.-de-D. *Fonds Ribier-Sartiges, liasse XI*. — De La Borde : *De sable, au lion d'or, couronné de même* (Rietstap). Famille limousine.

(7) De Tautal : *Fascé d'argent et de gueules de six pièces*. (*Bibl. nat. ms. fr. 32.112. Dossier du Fayet de La Tour.*).

Il existe au château de Chanterelle, près Saint-Vincent (Cantal), ancienne demeure des Tautal, un reliquaire en bronze doré ayant appartenu à François de Tautal, abbé de Grammont en

relle et de Catherine du Châtelet ; elle lui apporta une dot de huit mille six cents livres.

François d'Anglars reçut au château de Bassignac, le 27 mars 1652, la visite du prince de Condé. C'était pendant la Fronde, le prince et sa suite étaient déguisés en domestiques du marquis de Lévis. Porteur d'un passeport que lui avait délivré le comte d'Harcourt, pour se retirer en Auvergne, Condé traversait très rapidement cette province afin de se rendre sur les bords de la Loire, où sa présence était nécessaire pour mettre fin aux rivalités du duc de Beaufort et de M. de Nemours. Partis d'Agen le dimanche des Ramaux 24 mars 1652, ils étaient le 27 aux environs du château de Charlus ; mais leurs chevaux étaient fourbus et celui de Condé ne pouvait plus avancer, il fallait absolument le remplacer : « *Ce qui m'obligea*, nous dit Chavagnac (1), *d'aller chez un gentilhomme de ma connaissance, nommé Cavaniac* (2), *qui me vendit une jument quatre-vingt louis d'or, mais ayant appris que c'étoit Monsieur le Prince, il n'en voulut pas toucher l'argent.*

De là je le menay chez un nommé Bassiniac, qui nous receut assez bien ; mais s'étant échauffé au soupé, il se mit à tenir des propos de Monsieur le Prince et d'autres personnes qui luy appartenaient très-offensans, et je vids l'heure que Monsieur le Prince luy alloit déchar-

---

Limousin, mort en 1635, où sont gravées les armes suivantes : *D'azur au chevron d'argent, accompagné de trois losanges de même, deux et un.* — Tout laisse supposer que c'est là le blason du personnage et par suite de sa famille. — Entre ces deux armoiries nous manquons de documents pour nous prononcer.

(1) *Mémoires de Gaspard, comte de Chavagnac*, etc. Besançon, 1699, in-8°. — Voir aussi : *Mémoires de Gourville*, p. 258. Edition Petitot. — *Mémoires de La Rochefoucauld*, p. 438. Edition Petitot. — *Mémoires de Montglat*, t. II, p. 331. Edition Petitot.

(2) Guy de Ribier, seigneur de Lascombes et de *Chavaniac* (1609-1662). Il habitait alors le château de Chavaniac, paroisse de Sauvat, tout proche du château de Bassignac.

ger un soufflet sur la joue, il rougissoit, il pâlissoit et étoit dans des mouvements d'autant plus violents, qu'il n'osoit faire connoître qu'il s'intéressoit au discours que son hôte luy tenoit ; j'avois beau rompre les chiens, mon franc campagnard revenoit toujours là-dessus ; enfin il cessa dans le temps que la patience du Prince étoit sur le point de s'échapper. »

Les divers auteurs qui ont raconté cette visite, en ont plus ou moins poétisé le récit, suivant la manière de leur temps, et l'un d'eux nous apprend, que l'on voyait encore au château de Bassignac, il y a quelques années, la pierre du tourne-broche où modestement assis, le héros de Rocroy et de Lens attendit longtemps l'arrivée du seigneur du lieu (1).

Maintenu dans sa noblesse par ordonnance de M. de Fortia, intendant d'Auvergne, en date du 15 décembre 1666 (2), François d'Anglars rendit hommage au roi, au bureau des finances de Riom le 6 décembre 1676, pour la seigneurie de Bassignac et ses dépendances. Il vivait encore en 1679 et laissa trois enfants :

A. Roger, qui suit.

B. Guy, né à Bassignac, le 22 décembre 1648, auteur de la branche de Combes, rapportée plus loin.

C. Pierre, lieutenant au régiment de Guyenne-infanterie en décembre 1701, capitaine le 13 février 1707, chevalier de Saint-Louis, mort en 1732 (3).

XIV

Roger d'Anglars, écuyer, seigneur de Bassignac, La Ba-

---

(1) Dictionnaire statistique et historique du Cantal, I, 249. — Chavagnac est muet sur ce détail ; mais la tradition confirme le fait et nous avons vu nous-même à Bassignac, dans notre jeunesse, la pierre historique.

(2) Arch. du P.-de-D. C. 1194 et *Fonds Ribier-Sartiges*, liasse 39. — Voir notre publication : *Recherches de la noblesse d'Auvergne par la Cour des Aides et par les Intendants*, pp. 41-42. Paris, Champion, 1907.

(3) Arch. du Ministère de la Guerre.

randie, etc., épousa par contrat du 3 novembre 1679, Françoise Tissandier (1), fille d'Antoine, conseiller du Roi, lieutenant civil et criminel au baillage des Montagnes d'Auvergne à Salers, et de défunte Gilberte-Marie Dubois de Saint-Etienne.

Roger d'Anglars fit hommage au Roi pour Bassignac en 1683 (2) ; il fut choisi par le corps de la noblesse pour faire la répartition de la taxe, lors de la suppression des inspecteurs et trésoriers du Ban en 1693 (3).

Par lettres données à Versailles, le 21 juillet 1702, Louis XIV l'adjoignit à l'intendant d'Auvergne Lefèvre d'Ormesson, pour procéder à la répartition et à la capitation sur la noblesse du baillage de Salers.

Il fut maintenu dans sa noblesse par ordonnance de Claude Le Blanc, intendant d'Auvergne, le 2 mars 1708 (4).

De son mariage, dix enfants :

A. Philippe-Radegonde, née en 1681 ; mariée le 19 octobre 1706 avec Gilbert de Ribier (5), écuyer, seigneur de Chavaniac, son cousin, fils de Pierre et de Josèphe de Claviers. Elle mourut au château de Chavaniac le 22 juillet 1749, ayant eu onze enfants.

B. Antoine, qui suit.

C. François, seigneur de Nouzerolles, qui par son mariage avec sa cousine Françoise d'Anglars de Combes, continua la branche de Combes, rapportée plus loin.

D. Jeanne, née en 1687, morte à Bassignac, le 25 juin 1698.

---

(1) Tissandier : *De sinople, à une tête de lion arrachée.* (Bibl. nat. ms. fr. 32.195.)

(2) Arch. nat. *Registre 503*, p. 87.

(3) Arch. du P.-de-D., C., 4766.

(4) Ibidem. *Fonds Ribier-Sartiges.* Liasse 39.

(5) De Ribier : Voyez p. 23. *Histoire généalogique de la Maison de Ribier.*, pp. 58-62.

E. Guy, capitaine au régiment de Guyenne-infanterie lors de son mariage à Brouage (1), le 10 janvier 1724 avec Marie Mazeret, fille de Julien Mazeret (2), chirurgien-major de l'hôpital royal de cette ville, et de feu Marie Griffon, propriétaires à Brouage et dans la paroisse de Saint-Just. Guy d'Anglars testa à Mauriac le 30 novembre 1731, laissant une fille unique, Anne, dont Antoine d'Anglars, seigneur de Bassignac, son oncle, fut nommé tuteur suivant un acte contrôlé à Saintes (3), le 9 juillet 1732.

Anne d'Anglars était élève au couvent de Salers dont sa tante Marie-Françoise d'Anglars était supérieure, lorsqu'elle épousa par contrat passé dans cette ville, le 20 mars 1751, Jean d'Auvis de Bichirand (4), né le 17 juin 1725, ancien chevau-léger, fils d'Antoine, chevalier de Saint-Louis, ancien capitaine au régiment de Saint-Simon, demeurant au château de Bichirand, paroisse d'Altilhac en Bas-Limousin, et de Catherine du Fayet. Avant le mariage ils avaient dû obtenir du Pape un bref de dispense de consanguinité au quatrième degré, daté des kalendes de janvier 1750 (5). Jean d'Auvis mourut le 24 février 1778 et fut inhumé dans l'église d'Altilhac ; Anne d'Anglars, sa femme, mourut à Bichirand, le 20 novembre 1803 (6).

---

(1) Aujourd'hui Hiers-Brouage, chef-lieu de commune du département de la Charente-Inférieure.

(2) Mazeret :

(3) Saintes, chef-lieu d'arrondissement du département de la Charente-Inférieure.

(4) D'Auvis de Bichirand : *D'argent, au tilleul de sinople, soutenu d'un croissant de gueules, au chef d'azur, chargé de trois étoiles d'or.* — Tous ces renseignements sont extraits des Archives du château de Bichirand, commune d'Altilhac, canton de Mercœur (Corrèze), nous les devons à l'obligeance de M. de Bichirand, arrière petit-fils d'Anne d'Anglars.

(5) Arch. du P.-de-D., *Dispenses de mariage.*

(6) L'acte de décès ne fut dressé que le 6 frimaire, an XII (28 novembre 1803.)

— 29 —

F. Jean, lieutenant au régiment Royal-Roussillon, le 19 septembre 1729, capitaine le 6 octobre 1738 ; il quitta le service en 1746 (1) et dut mourir célibataire.

G. Barthélemy, né à Bassignac le 22 septembre 1694.

H. Pierre, né à Bassignac le 10 mars 1696, sous-lieutenant au régiment de Guyenne-infanterie en 1708, lieutenant en 1714, capitaine le 30 décembre 1734, chevalier de Saint-Louis, en 1747 ; il mourut à Bassignac le 3 décembre 1751 (2).

I. Christophe, né à Bassignac le 14 novembre 1697, prêtre, curé de Meillaud, près Issoire, puis de Sauvat le 17 janvier 1725, succédant à François Delhomme (3), et enfin curé de Chastel-Marlhac, nommé par l'abbesse de Blesle, le 25 novembre 1738, après la mort de Jean de Molen de La Vernède, son prédécesseur. (4).

J. Marie-Françoise, née à Bassignac le 12 mars 1699, religieuse à Salers et supérieure le 14 septembre 1730, fut dotée 2.500 livres.

XV

Antoine II, d'Anglars, seigneur de Bassignac, La Barandie, Le Rieu, Mortesaignes, etc., naquit à Bassignac, le 7 septembre 1683 ; volontaire au régiment de Noailles-cavalerie en 1700, cornette en janvier 1704, lieutenant en février 1711, réformé (5) en 1714 replacé le 25 mai

---

(1) Arch. du Ministère de la Guerre. Sa lieutenance fut acquise pour 500 livres.

(2) *Ibidem*. Sa compagnie fut acquise pour quatre mille livres.

(3) Arch. du P.-de-D. *Insinuations ecclésiastiques*. Registre 94, f° 216, V°.

(4) *Ibidem*. Registre 113, f° 65 ; V°. *Il prit possession le 4 décembre suivant, devant Forestier, notaire.*

(5) *Réformé* à cette époque, correspond au *non-activité* de nos jours.

1728, il passa dans Villars-cavalerie et quitta le service le 9 avril 1731, il était chevalier de Saint-Louis (1).

Antoine d'Anglars avait épousé le 8 janvier 1713 dans la chapelle du château du Roquet (2), Marie-Hippolyte-Juliette de Pons (3), sa cousine (4), fille de feu Antoine, seigneur de Rochecharles, La Meyran, Le Roquet, etc., et de Françoise de Caldaguès et petite-fille d'Antoine de Pons et d'Antoinette d'Anglars (5). La bénédiction nuptiale fut donnée par Messire Paul de Caldaguès, chantre de l'église collégiale de Montferrand, en présence des pères et mères des futurs, de François de Boschut d'Apchier, écuyer, seigneur de Vaize, de Guy d'Anglars, écuyer, seigneur de Saint-Saturnin, de Gilbert de Ribier, écuyer, seigneur de Chavaniac, etc. Le contrat avait été reçu le 16 octobre 1712, par Juilliare et Aymet, notaires à Clermont-Ferrand. Il rendit hommage au roi pour la seigneurie de Bassignac le 23 octobre 1723 (6).

Marie de Pons mourut à Bassignac le 28 mai 1766 et Antoine d'Anglars, son mari, le 7 août suivant.

Ils avaient eu neuf enfants :

A. Paul, qui suit.

B. Barthélemy, né à Bassignac, le 17 février 1724, eut une brillante carrière militaire, ainsi que le prouvent ses états de services (7) : « Lieutenant

---

(1) Arch. du Ministère de la Guerre et Arch. du Puy-de-Dôme C., 5763.

(2) Le Roquet : Fief et petit château, aujourd'hui en partie démoli, situé dans la commune de La Meyran, il fut vendu par Paul d'Anglars à Mgr de La Garlaye, évêque de Clermont, et par ce dernier à M. Teilhard, secrétaire du roi, dont les descendants le possèdent encore aujourd'hui. - Rochecharles et La Meyran, chefs-lieux de communes du département du Puy-de-Dôme.

(3) De Pons : *De gueules à trois fasces d'or.*

(4) Arch. du P.-de-D. *Insinuations judiciaires de Riom*, R. 83, f° 81.

(5) Voir à la branche de La Garde, p. 52.

(6) Arch. nat. Registre 509, p. 68.

(7) Archives du Ministère de la Guerre.

en second au régiment de Guyenne le 29 juillet 1739 ; lieutenant au régiment Royal-La Marine le 19 avril 1740 ; capitaine en second le 27 octobre 1746 ; capitaine le 5 août 1750 ; major le 10 février 1764. Etait à la Martinique en 1763, 1764, 1765, 1766, 1767 ; chevalier de Saint-Louis avec rang de lieutenant-colonel le 22 juin 1767, retiré avec 1000 liv. le 1er janvier 1768. Commandant du Château-Trompette, du Ha et fort Ste-Croix de Bordeaux (1) en survivance du marquis de Saint-Mexant, le 24 février 1774 ; il était alors major-général d'Infanterie aux Iles-sous-le-Vent (Martinique). Entré en jouissance de son commandement le 7 mai 1775 ; maréchal de camp en vertu des décrets le 1er août 1791. Campagnes : Neuf ans en tout :

Wesphalie, Bohême, Bavière, sous le maréchal de Maillebois, cy : 3 campagnes.

Italie, batailles de Plaisance et de Bassignano sous le même, cy : 2 campagnes.

Flandre, bataille de Lawfeld et siège de Maestrich, sous le maréchal de Saxe, cy : 2 campagnes.

Siège de Minorque, sous le maréchal de Richelieu, cy : 1 campagne.

Campagne sur les Côtes de Bretagne, sous les ordres du duc d'Aiguillon, cy : 1 campagne.

Passé à la Martinique avec le régiment de Royal-La Marine en 1763 et employé dans cette colonie jusqu'à la fin de 1774, cy : 11 ans.

Total des services, campagnes et colonies, soit 72 ans.

A reçu une récompense nationale de dix mille livres de pension le 20 décembre 1792. »

Durant son séjour dans l'île de la Martinique,

---

(1) En marge de sa nomination est écrit : «. Il a de l'esprit et beaucoup de sagesse. » — Le traitement du lieutenant du roi, au Château-Trompette était alors de 10,570 livres.

Barthélemy d'Anglars épousa, au Gallion, paroisse de la Trinité, Marie-Anne Carreau (1), veuve en premières noces de Claude Courtois Dessources, ancien capitaine de cavalerie ; elle mourut à Bassignac, sans postérité, le 30 juin 1769. — Il épousa en secondes noces par contrat passé à Saumur, le 13 février 1775, Adelaïde Sinson (2), dont il n'a pas eu d'enfants.

Barthélemy d'Anglars, appelé *comte de Bassignac*, nous dit Chérin, fit ses preuves de noblesse au cabinet des ordres du roi au mois de mars 1789, pour avoir l'honneur de monter dans les carosses de Sa Majesté et de le suivre à la chasse (3).

Il testa à Paris le 13 mai 1806, instituant pour héritier universel Joseph d'Anglars, son neveu. Sa veuve, Adelaïde Sinson testa à Paris, le 3 mars 1818, elle mourut dans cette ville, 18, rue de la Chaussée-d'Antin le 27 février 1820 et son testament fut déposé le 29, en l'étude de Me Bellanger, notaire à Paris.

C. Jean, né à Bassignac le 18 novembre 1726, suivit aussi la carrière des armes : lieutenant en second au régiment du Royal-Roussillon-infanterie le 6 juillet 1743, enseigne le 2 septembre suivant, lieutenant le 1er novembre 1744, capitaine le 25 octobre 1746, chevalier de Saint-Louis le 7 février

---

(1) Carreau :

(2) Sinson :
Gabriel-Richard Sinson de Preclerc, chevalier de Saint-Louis, capitaine de Port-Saint-Pierre, à la Martinique, obtint des lettres de noblesse le 5 mai 1786 (Archives de la Marine. *Annales du Conseil de la Martinique*. Et E. de La Roque et E. de Barthélemy : *Catalogue de la noblesse des colonies*, etc., p. 18. Paris, Dentu et Aubry, 1865). C'était le frère de Mme Barthélemy d'Anglars et très vraisemblablement l'oncle de Mme Joseph d'Anglars, rapportée plus loin.

(3) Bibl. nat. ms. f. 31.568. *Chérin*, 6. Pour être admis il fallait que le postulant prouvât sa noblesse, par pièces originales, depuis l'an 1400, sans anoblissement connu.

1759, capitaine de grenadiers le 21 mai 1766, avec rang de major du 24 mars 1769, chef de bataillon le 1er juillet 1774, il se retira avec un brevet de pension de 1500 livres, le 8 avril 1779 (1).
Il avait fait de plus campagne au Canada et en Corse.

Jean d'Anglars avait épousé Marie-Albertine-Josèphe de Lécluze ou de Lécláuze, et habitait Clermont-Ferrand, paroisse Saint-Genest, avec sa femme, lorsqu'il fit conjointement avec elle, le 31 mai 1786, une donation à l'hôpital Saint-Joseph, de cette ville (2).

D. Jacques-Hippolyte, parrain de sa nièce, Jeanne-Marie d'Anglars, à Bassignac, le 30 août 1757.

E. Guy-Annet, prêtre, succéda comme curé de Sauvat (Cantal), le 12 novembre 1739, à Christophe d'Anglars, son oncle, nommé curé de Chastel-Marlhac (3) ; il lui succéda également dans cette dernière cure le 26 juillet 1761, en vertu de la résignation faite en sa faveur par ledit Christophe, le 21 février précédent, devant Conrut-Lajarrige, notaire (4). Il testa devant Robert Lablanche, notaire à Sauvat, le 19 novembre 1772, institua pour héritier universel Paul d'Anglars de Bassignac, son frère, et donna un onzième de ses biens à Françoise-Rose d'Anglars, femme d'Antoine Lemmet-Dauteil, habitant la paroisse d'Apchon (5).

F. Françoise, née à Bassignac, le 15 novembre 1714,

---

(1) Arch. du Ministère de la Guerre : *C'est par erreur que le Dict. du Cantal, I, 248, lui donne le grade de lieutenant-colonel.*

(2) Arch. du Château de Sourniac, près Mauriac : *Papiers Bassignac*, De Lecluze :

(3) Arch. P.-de-D. *Insinuations ecclésiastiques*. Registre 114, f° 106.

(4) Ibidem. Registre 144.

(5) Ibidem. *Fonds Ribier-Sartiges*. Liasse 39.

mariée par contrat du 2 septembre 1743, à François de Sartiges, écuyer, seigneur de Lavendès, Combret, La Chèze, etc., fils de feu Claude et de dame Marguerite-Françoise de Joucoux. (Vialles et Forestier, notaires) (1), morte à Lavendès, près Champagnac, le 17 décembre 1751.

G. Françoise II, religieuse à l'abbaye de La Vassin, où elle prit le voile le 15 octobre 1731 (2), elle vivait encore en 1789. — Elle fut dotée 2.500 livres.

H. Antoine, lieutenant en second au régiment de Guyenne-infanterie le 29 juillet 1739 ; lieutenant le 9 avril 1740 (3), mourut en Allemagne avant le 7 juin 1747.

I. Marie, marraine de Mathieu-Marie d'Anglars, son neveu, le 5 septembre 1753 ; elle fut religieuse à La Vassin comme sa sœur Françoise.

XVI

Paul d'Anglars, écuyer, seigneur de Bassignac, du Vialard de Rochecharles, du Roquet, de La Meyran, etc., puis de Branzac, La Roche, Pestels, Fontanges, dernier baron de Salers, naquit à Bassignac le 1er mars 1718. Il servit pendant douze ans en qualité de capitaine au régiment de Royal-Roussillon-infanterie, reçut la croix de chevalier de Saint-Louis (4) et, après la mort du comte d'Anteroche, par lettres données à Paris le 16 mai 1750 et renouvellées le 26 avril 1773, il fut nommé lieutenant des maréchaux de France *au département d'Aurillac, Bort, Mauriac, etc.*

Par contrat du 27 décembre 1744, reçu à Ardes, par

---

(1) Arch. généalogiques de la Maison de Sartiges, n° 204. — De Sartiges : *D'azur, à deux chevrons d'or, accompagnés de trois étoiles d'argent, deux en chef et une en pointe, le chevron du chef surmonté d'une fleur de lys d'or.*

(2) E. Jaloustre : *L'Abbaye royale de La Vassin.* In. Mémoires de l'Académie de Clermont-Ferrand, année 1878, p. 211.

(3) Arch. du Ministère de la Guerre.

(4) Arch. du Ministère de la Guerre et Arch. P.-de-D., C. 5763.

Le château de Branzac
(1911)

Trioulier, notaire, il avait épousé Françoise Rodde (1), fille de Jacques Rodde, seigneur de Chalaniat, Grandprat, La Gravière, Espinchat, Vernières, Montpentier, etc., et de feue dame Marguerite Morin.

Le 28 juillet 1776, Paul d'Anglars acquit devant Boulard, notaire à Paris, d'Achille-Joseph Robert-de-Lignerac, grand bailli d'épée, lieutenant-général et commandant pour le Roi en Haute-Auvergne, les terres et seigneuries de Branzac, La Roche, Pestels, La Tour de Poul, Fontanges et Salers (2), moyennant le prix de quatre cent quatre-vingt-dix mille livres.

---

(1) Rodde : *D'azur, à une étoile d'argent en chef et une roue de six rayons de même en pointe.*

(2) Branzac, autrefois Vranzac, château en partie ruiné, situé dans la commune de Loupiac, canton de Pleaux (Cantal), était le chef-lieu d'une baronnie ou viguerie qui, à l'origine, appartenait à la maison de Vigouroux. Gilbert de Vigouroux en était seigneur en 1150, Guy de Vigouroux en 1206 plaida contre Henri Ier comte de Rodez ; Guillaume de Varanzac fonda en 1244 un repas à servir le jour de la Cène aux moines de l'abbaye de Valette. Bertrand de Vigier et Bertrand de Vigouroux en étaient seigneurs en 1512. Aymeric de Pestels acquit les droits du premier, une partie de ceux du second et hérita du surplus en vertu du testament fait en sa faveur par Philippie de Vigouroux, veuve de Hugues de Sérinhac et devint ainsi possesseur de toute la viguerie.

Guy de Pestels reconstruisit le château actuel durant le XVe siècle avec une grande magnificence, des peintures remarquables ornaient les murs de la grande salle. M. Delalo en donne une bonne description à l'article Loupiac, du Dictionnaire du Cantal, et grâce à lui toutes les inscriptions nous ont été conservées. Anne de Pestels, arrière petite-fille de Guy, l'apporta en dot le 2 avril 1607 à Jean de Tubières-Grimoard-Morlhon. Jean-Claude-Phi'ippe de Tubières-Grimoard-Pestels-Lévis-Caylus étant mort sans postérité le dernier de sa race en 1765, Achille-Joseph Robert, marquis de Lignerac, petit-fils de Marie-Charlotte de Tubières-Grimoard et de Joseph Robert-de-Lignerac hérita de la terre de Branzac et la vendit onze ans plus tard à Paul d'Anglars.

Le 9 juin 1830, le fils de l'acquéreur, Barthélemy d'Anglars vendit le château et le domaine de Branzac, devant Mauret, notaire à Mauriac, moyennant le prix de trente mille francs à Paul-Camille d'Anglars et Marie-Hélène-Jeanne de Musy, son épouse, ses fils et belle-fille, et à Joseph Ternat-Laval, de Mauriac.

Ces derniers le revendirent devant le même notaire, le 21 sep-

Paul d'Anglars fut membre de l'Assemblée Provinciale d'Auvergne en 1787 (1) et mourut à Clermont-Ferrand, (section *Fraternité*), le 20 Germinal, an IV (9 avril 1796.)

---

tembre 1832, à Jean Servet, demeurant à La Borderie, commune de Saint-Martin-Cantalès et à Antoine Courbebaisse, demeurant à Peyrebrunes, commune de Loupiac ; moyennant le prix de quarante mille francs.

La portion de Jean Servet a été acquise ultérieurement par la famille Rivière, de Chabus, commune de Saint-Christophe. (*Dict. stat. du Cantal,* IV, 38 et s. et Bouillet : *Nob. d'Auv.*, V, 39 et 315 et VI, 415 et s.).

La seigneurie de La Roche appartenait primitivement à la famille de Ruzolles. Antoinette de La Roche l'apporta à François de Sailhans, son mari, qui en 1544 la vendit à Jean-Claude de Pestels ; mais cette vente fut annulée. La famille de Chaumeils en devint ensuite propriétaire en partie, par suite d'alliances, et Jacques de Chaumeils l'échangea en 1645 avec Jean de Tubières-Grimoard, comte de Caylus, contre la terre de Saint-Cirgues. Enfin Paul d'Anglars l'acquit en même temps que Branzac.

Jean-Pierre-Eugène d'Anglars, vicaire de la paroisse N.-D. des Champs, à Paris, arrière petit-fils de l'acquéreur a vendu cette propriété le 13 mars 1866, devant Gineste, notaire à Sainte-Eulalie (Cantal), à M. Pierre Bouissou, maire de Loupiac.

Le château de La Roche en 1649 était composé de deux corps de logis flanqués de deux tours, une carrée et l'autre ronde, avec créneaux et machicoulis. Il fut restauré en 1688. Il n'en reste aujourd'hui que quelques ruines (*Dict. du Cantal. Lot. cit.*)

La tour de Poul était une portion du château de Poul, dont on aperçoit encore les ruines sur les bords de la Detze, affluent de la Maronne, commune d'Arnac, canton de Laroquebrou (Cantal). Ce château, à la suite de partages, ventes ou alliances avait été divisé en trois parties. La tour acquise en 1776 par Paul d'Anglars, avait été apportée aux Pestels, seigneurs de Branzac et s'appelait de ce fait : *Pol de Branzac* ou *Polvranzac*, ainsi qu'on le voit dans les terriers de Polminhac, de Vic et de Bès aux XVIe et XVIIe siècles. (*Dict. du Cantal,* I, 90 et M. Boudet : *Les registres consulaires de Saint-Flour,* p. 273, note 2. Paris, Champion, 1900. — Quant aux seigneuries de Pestels, Fontanges et Salers, elles consistaient seulement en rentes à cette époque, et elles disparurent à la Révolution avec les autres droits féodaux.

(1) *Procès-verbal des séances de l'Assemblée Provinciale d'Auvergne, tenue à Clermont-Ferrand dans le mois de novembre* 1787. Clermont-Ferrand, Delcros, imp. 1787.

Il avait eu neuf enfants, tous nés à Bassignac :

A. Guy, né le 26 septembre 1752, mort officier à Paris, en juillet 1765 (1).

B. Mathieu-Marie, né le 5 septembre 1753.

C. Barthélemy, qui suit.

D. Joseph, né le 8 août 1755 (2), admis au nombre des pages de la Grande Ecurie du Roi, le 28 avril 1770, après avoir fait ses preuves de noblesse devant Denis-Louis d'Hozier, il y resta jusqu'au 2 juillet 1773, puis entra aux chevau-légers, devint ensuite sous-lieutenant dans Royal-Bourgogne-cavalerie et fut nommé capitaine au même régiment en mai 1789 (3). Emigré, il signa l'acte de coalition de la noblesse d'Auvergne, à Fribourg, le 10 avril 1791 et ne rentra pas en France. A la fin de l'émigration, il fut habiter la Martinique où son oncle, Barthélemy d'Anglars, ancien commandant des Iles du Vent, avait une propriété considérable (4). Chevalier de Saint Louis à la Restauration, il est décédé à La Trinité (Martinique), le 10 septembre 1832.

Joseph d'Anglars avait épousé à La Martinique Rose Sinson (5), sans doute nièce d'Adélaïde Sin-

---

(1) *Lettre de M. de Larbouillerie à M. du Vialar de Bassignac, datée de Paris, le 28 juillet 1765.*

(2) Dans les preuves pour les pages, la date de naissance est le 24 avril.

(3) Bibl. nat. ms. fr. 31231. *Nouveau d'Hozier*, 6, et Arch. nat. O¹ 969, f° 8. — Dr de Ribier : Preuve de noblesse des pages auvergnats, admis dans les écuries du roi, pp. 13 et s., Paris, Champion, 1909.

(4) Une société anonyme dite de l'*Usine Bassignac* a été constituée à la Trinité (Martinique), au capital d'un million, le 4 novembre 1882, devant Mes Armand Marie et Félix Baudin, notaires à Saint-Pierre. Cette Société a acquis l'*Habitation Bassignac*, ancienne propriété de Barthélemy d'Anglars, le 20 novembre 1882, de Mme veuve de Thoré. — Nous ignorons comment cette dame en était devenue propriétaire.

(5) Sinson :

son, seconde femme de Barthélemy d'Anglars, son oncle, et dont la mère épousa en secondes noces M. de Castelnau ; elle mourut en 1805, en donnant jour à une fille Marie-Rose-Anne d'Anglars, mariée en 1824 à Victor-Gabriel, marquis du Chastel, né le 19 décembre 1790, fils de Victor-Pierre et de Catherine-Luce de Cours de Saint-Gervazy, chef de la milice coloniale, membre du Conseil général et du Conseil colonial de La Martinique. Le marquis du Chastel est mort le 14 février 1865, laissant quatre enfants (1).

E. Jacques, parrain de sa sœur Marie-Hippolyte, le 16 juin 1759, à Bassignac.

F. Jeanne-Marie, dite Françoise, née le 30 août 1757, mariée le 16 janvier 1781, en l'Eglise Notre-Dame du Port, de Clermont-Ferrand, avec Jean-Joseph de Lespinasse (2), chevalier, seigneur de Bournazel, chevalier de Saint-Louis, fils de feu Joseph de Lespinasse, chevalier, seigneur de Pebeyre, et de feue Marie Jarrige, habitant Tulle en Limousin ; le contrat fut reçu par Lasteyras, notaire à Clermont-Ferrand. Jean-Joseph de Lespinasse est décédé à Tulle, le 8 novembre 1808, et

---

(1) A. Gabriel-Tanguy, 1825-1886.
    B. Louis-Victor-Tanguy, prêtre, né le 31 décembre 1826, curé de la Trinité-Martinique, puis aumônier de l'Hôtel-Dieu de Saint-Pierre, mort à Saint-Pierre (Martinique), le 1er juin 1892.
    C. Guillaume Tanguy marquis du Chastel-Tremeiran, dernier de sa race, né le 11 mars 1829, mort à Saint-Esprit (Martinique), le 10 août 1894.
    D. Louise-Angèle-Tanguyne, encore vivante en 1896.

Les titres de noblesse des *du Chastel* ont été régulièrement enregistrés au Conseil souverain de La Martinique en 1732. Cette maison portait : *Fascé d'or et de gueules de six pièces*. (P. de Coucy : *Nobiliaire de Bretagne* : T. I, p. 180 et René Kerviler : *Répertoire de bio-bibliographie bretonne*, 23e fascicule. Rennes, Plihon et Heuve, 1896.)

(2) De Lespinasse : *D'or, à l'arbre au naturel sur une terrasse de gueules, et un écu de sinople au lion d'or, brochant sur le fut de l'arbre.*

Marie d'Anglars mourut dans la même ville le 7 janvier 1815 (1).

G. Marie-Hippolyte née le 16 juin 1759, mariée à Anne-Victor Attiret-Manneville (2), architecte. Elle décéda avant 1830 et son époux se remaria avec Marie-Anne Moret. Il mourut à Clermont-Ferrand le 17 novembre 1854, âgé de 79 ans.

H. Antoine, né en 1760, entra dans les ordres ; élève au Grand-Séminaire de Saint-Sulpice en 1784, ordonné prêtre en 1788, il devint docteur en Sorbonne, chanoine de la Cathédrale de Clermont, puis grand-vicaire de Mgr de Bonald, sans département à gouverner, vu son extrême jeunesse. Le 14 germinal an VI il fut désigné par la municipalité de Clermont, comme sujet à la déportation. Toutefois cet arrêt fut rapporté et Antoine d'Anglars fut de nouveau nommé chanoine de la Cathédrale de Clermont après le Concordat. Il mourut dans cette ville, le 16 mars 1843, âgé de 83 ans, instituant pour son héritière, Madame du Chastel, de la Martinique, fille de son frère Joseph.

I. Marie-Jeanne, dite *Colette,* née le 8 juillet 1763 ; elle resta célibataire auprès de son oncle et de sa tante, Barthélemy d'Anglars et Adelaïde Sinson, et après la mort de ce dernier, continua ses soins dévoués à sa veuve. Elle est décédée à Paris le 12 février 1837.

J. Marie-Jeanne II, née en 1765, devint chanoinesse au monastère de Saint-Martin de Courpières, ordre de Saint-Benoît. Elle mourut à Clermont-Ferrand le 6 mars 1834, âgée de 69 ans.

XVII

Barthélemy d'Anglars, écuyer, qualifié comte de Bassi-

---

(1) Ils laissèrent deux enfants : A. Paul ; B. Marie-Jeanne Hippolyte-Colette mariée à Jean-Baptiste Lamore-Lamirande.

(2) Attiret-Manneville :

gnac (1), naquit à Bassignac le 14 avril 1754. Il fut admis au nombre des pages de la Petite Ecurie, sur le certificat de noblesse délivré par Denis-Louis d'Hozier, le 1er mai 1770 (2). Nommé à sa sortie sous-lieutenant au régiment. *Mestre-de-Camp-Général-cavalerie* le 28 juillet 1773, lieutenant le 1er mars 1778, il passa au premier régiment de *chevau-légers* le 8 avril 1779, capitaine le 18 septembre 1784, chef d'escadron le 4 juillet 1789, lieutenant-colonel le 10 février 1791, affecté au 8e régiment de cavalerie le 5 février 1792, colonel du 13e régiment de cavalerie le 27 mai 1792, Barthélemy d'Anglars, démissionna le 12 juillet de la même année. Chevalier de Saint-Louis le 7 août 1816, il fut reçu à Sartiges le 2 décembre par le comte François de Sartiges, déjà chevalier dudit Ordre (3).

Il avait épousé au Puy-en-Velay, le 25 avril 1786, Marie-Françoise-Balbine, dite *Caroline*, de La Rodde de Saint-Haôn (4), née à Aubenas (Ardèche), le 13 juillet 1770, fille d'Henry-Hyacinthe-César de La Rodde, comte de Saint-Haôn, baron des Etats du Velay, seigneur des mandements de Rochefort, Masclos, Les Bouchers, Saint-Nicolas, etc., chevalier de Saint-Louis, lieutenant-colonel des grenadiers royaux du Quercy, et de Guillemette Périer, et petite-fille de Guillaume Périer, conseiller du Roi en ses conseils, secrétaire général de la marine de France, administrateur général des domaines de Sa Majesté, vicomte de Grèze, baron de Mirandole, etc. Ce contrat fut reçu le 14 mars 1786, par Belurgey, notaire à Paris.

Barthélemy termina en grande partie les désastreuses affaires commencées par son père avec l'acquisition de

---

(1) Bibl. nat. ms. fr. 31568. *Chérin*, 6. C'est le second membre de la famille à qui nous voyons prendre le titre de *comte* avant la Révolution. Il suivait en cela le début d'une mode qui n'a fait, pour le plus grand préjudice de la vérité historique, que se développer considérablement de nos jours.

(2) Arch. nat. O¹ 965.

(3) Arch. du Ministère de la Guerre.

(4) De La Rodde de Saint-Haon : *Ecartelé aux 1 et 4, d'azur à la roue d'or ; au chef d'argent, chargé de trois chevrons de gueules rangés en fasce*, qui est de la Rodde ; *aux 2 et 3, de gueules à la bande d'or*, qui est de Saint-Haon.

Branzac, il dut pour cela obtenir un jugement de séparation de biens d'avec sa femme, rendu par le tribunal civil de Clermont-Ferrand le 2 décembre 1796 (12 frimaire, an V). Le 29 octobre 1805 (7 brumaire, an XIV), il acheva de régler la part de ses cadets, s'élevant : pour Marie-Hippolyte, épouse d'Anne-Victor Attiret-Manneville à 40.000 francs et pour tous les autres à 20.000 francs (1).

A la Restauration, il reçut, comme ancien officier, une pension annuelle de 500 francs. Nommé maire de Bassignac, le 15 juin 1816, il démissionna en 1830.

Barthélemy d'Anglars, mourut à Bassignac le 30 août 1839 ; Caroline de La Rodde de Saint-Haôn, sa femme, était morte à Bassignac, le 29 septembre 1811.

De leur union, naquirent quatre enfants :

A. N..., né à Clermont-Ferrand, rue de La Treille, *section des Arts*, le 22 février 1793 ; ne vécut que quelques instants.

B. Paul-Camille, qui suit.

C. Barthélemy-Alphonse, né à Clermont-Ferrand, *section République*, le 9 germinal an V (29 mars 1797.) Il entra au service à 17 ans : Lieutenant des gardes du corps du Roi, compagnie de Havré, le 1er novembre 1814, lieutenant à la légion du Cantal le 5 avril 1816, resta en non activité du 21 mai 1817 au 9 mars 1824 ; lieutenant de remplacement aux hussards de la Vienne le 27 juin 1821, titulaire aux hussards du Bas-Rhin le 10 mars 1824, capitaine au 5e hussards le 3 janvier 1827, Alphonse de Bassignac épousa à Metz le 30 mars 1829 Adèle-Fernande de Jaubert, née à Metz, le 27 septembre 1810, fille de Louis et de Marie-Louise d'Huart dont il n'eut pas d'enfant. Après son mariage il se fit mettre en solde de congé le 19 août 1830 et se fixa au château de Lavaur, commune de Jaleyrac, près Mauriac, qu'il

---

(1) Grimardias, notaire à Clermont-Ferrand.

avait acquis le 19 mars 1837, de Joseph Ternat-Laval, de Mauriac.

Il fit édifier la maison actuelle et Mme de Bassignac fonda à côté, pour l'éducation des jeunes filles, un couvent, incendié le 10 août 1848 (1).

Alphonse de Bassignac reprit du service comme capitaine au 2e carabiniers le 20 décembre 1840 et obtint sa retraite le 12 octobre 1847 ; il mourut au Mans (Sarthe), le 4 août 1853 (2). Sa veuve fonda à Neuilly-sur-Seine le couvent de Notre-Dame des Arts, où elle est décédée, Pavillon du duc d'Orléans, le 13 mai 1872 ; elle a été inhumée à Riom (Puy-de-Dôme) où elle avait aussi fondé le couvent de Notre-Dame des Arts qui existe encore aujourd'hui.

D. Eugénie-Estelle-Eléonore, née à Paris, rue de Verneuil, n° 430, le 29 floréal, an VI (18 mai 1798, morte célibataire à Bassignac le 7 avril 1887.

XVIII

Paul-Camille d'Anglars, qualifié comte de Bassignac, naquit à Clermont-Ferrand, le 21 mars 1787, et fut baptisé en l'église Saint-Genès le 22 avril suivant.

Garde du corps du Roi en 1814, lieutenant des grenadiers à la légion du Cantal, en garnison à Tarbes en 1816, il démissionna le 6 avril 1817.

Camille d'Anglars de Bassignac, épousa à Saint-Martin de Commune (Saône-et-Loire), le 11 août 1811, Marie-Jeanne-Hélène de Musy (3), née à Lyon le 18 juillet

---

(1) La mère de Madame Alphonse de Bassignac : Marie-Louise-Josèphe de Huart, née à La Sauvage (Grand-Duché de Luxembourg), le 24 juin 1771, de Joseph, baron de Huart et de N... de Villers, est décédée au château de Lavaur, le 1er mars 1852, elle était veuve à cette époque.

(2) Ses états de services ont été relevés au Ministère de la Guerre.

(3) De Musy : *De gueules, à l'aigle d'argent couronné d'or.* —

1791, fille de François-Louis, comte de Musy (1) et de Gabrielle de Certaines, habitant le château de Digoine.

Maire de Bassignac le 27 octobre 1830, il mourut au château de Sourniac, chez son gendre le comte de Sarliges, le 12 mai 1863 ; sa femme mourut à Bassignac le 28 avril 1864. Ils avaient eu treize enfants :

A. Paul-Gustave-Barthélemy, né le 6 juin 1812, fut admis à l'Ecole militaire spéciale de Saint-Cyr, le 14 novembre 1830 et en sortit sous-lieutenant au 34e régiment d'infanterie. Il assista au siège de Rome, comme capitaine au 25e régiment d'infanterie, passa en Algérie et finalement était chef de bataillon au 79e à Nancy, lorsque sa santé l'obligea à demander sa retraite, au début de 1867, après trente-cinq ans de services et six campagnes. Il était chevalier de la Légion d'Hon-

---

Le contrat fut reçu le même jour par Me Charles, notaire à Couches (Saône-et Loire).

(1) François-Louis de Musy eut cinq enfants :

    A. Jeanne-Marie, mariée le 20 octobre 1802, à Jean de Pomey.

    B. Jeanne-Constance, mariée le 28 octobre 1805, à Jean-Baptiste-Victor de La Rochette, morte à Clermont-Ferrand, le 23 mai 1837.

    C. Françoise-Joséphine, mariée le 25 avril 1807, à Ferdinand de Brotty d'Antioche.

    D. Marie-Jeanne-Hélène, mariée au comte de Bassignac.

    E. Charles, comte de Musy, marié en 1823, à Armance Costa de Beauregard, dont 1o Humbert, 2o Victor, curé de Chagny, miraculeusement guéri à Lourdes, mort en 1897 ; 3o Geneviève, morte en 1887.

Humbert de Musy a épousé en 1854 Odette Le Gouz de Saint-Seine dont il a eu deux fils : A. Symphorien, marié en 1883 à Laure de Rolland d'Arbouze, morts sans postérité. B. Marie, mariée en 1876 à Eugène, comte de Prunelé, dont trois enfants : Charles, Henry et Odette.

C'est à l'extrême amabilité de notre cousin de Prunelé que nous sommes redevable de la plus grande partie des renseignements que nous donnons ci-dessus. (Paul de Varax : *Généalogie de la famille de Pomey*, etc., Lyon, Waltener, imprimeur, 1899, in-4o).

neur du 14 mars 1857, officier du 27 décembre 1865 et décoré de la médaille d'Italie et de la médaille Pontificale.

Gustave de Bassignac avait épousé à Paris (VIIIe arrondissement), le 22 novembre 1849, Joséphine-Olympe-Claire de Bougainville (1), fille de Jean-Baptiste-Hyacinthe-Alphonse, comte de Bougainville, colonel de cavalerie, chevalier de Saint-Louis et de la Légion d'Honneur, et de Marie-Henriette-Eugénie-Joséphine Salvaing de Boissieux (Tressa, not. à Paris). Il mourut à Bassignac le 15 novembre 1867 ; sa veuve est décédée à St-Germain-en-Laye, le 23 décembre 1892.

De leur mariage étaient nés cinq enfants :

1º Fernand, né à Rome en 1850, mort à trois semaines.

2º Béatrix ⎰ toutes deux mortes à quelques
3º Béatrix ⎱ mois.

4º Rollon, né à Paris, fin 1855, mort à onze mois, le 31 octobre 1856, au château de La Corbière (Orne).

5º Hyacinthe-Josèphe-Louise-Marie-Anne, née à Saint-Jean-Pied-de-Port (Basses-Pyrénées), le 31 août 1857, mariée à Paris (VIIIe arrondissement), le 8 janvier 1879, avec Louis-Albert-Victor Despréaux de Saint-Sauveur (2), officier de marine, né à

---

(1) De Bougainville : *D'or, à l'aigle éployée de sable ; partie d'azur à une ancre et deux épées passées en sautoir d'or, au globe terrestre d'argent brochant sur le tout.*

(2) Despréaux de Saint-Sauveur : *D'azur, à trois branches d'or, au chef de même, chargé de trois étoiles d'azur.* — M. de Saint-Sauveur a été autorisé par décret du 5 août 1882, à relever le nom de Bougainville, éteint depuis 1861 par la mort du colonel comte de Bougainville, grand-père maternel de sa femme, et depuis lors ; il a écartelé ses armoiries : aux 1 et 4 *Despréaux de Saint-Sauveur*, aux 2 et 3 *Bougainville.*

Paris (IXe arrondissement) le 15 août 1848, mort à Rome, capitaine de vaisseau, en retraite, officier de la Légion d'Honneur, le 3 mai 1910 et fils de Ferdinand et de Jeanne-Victorine Petit de Vauzelles, dont postérité (1).

B. Marie-Eugénie-Constance, née le 4 avril 1815, morte religieuse au couvent de la Visitation à Lyon, le 29 mai 1888.

C. Céline, décédée célibataire à Bassignac le 3 novembre 1845, à l'âge de 30 ans.

D. Jean-Pierre-Eugène, né le 9 décembre 1816, entra dans les ordres ; élève au Grand-Séminaire de Saint-Sulpice, il devint premier vicaire de la paroisse de Notre-Dame-des-Champs, à Paris et mourut à Bassignac le 28 janvier 1872. Il avait gardé en partage le domaine de Bassignac le 8 février 1866 (2), et par son testament olographe, du 12 juin 1871 (3), il institua pour son

---

(1) *Deux enfants sont issus de ce mariage* :
   A. *Albert-Ferdinand-Joseph-Marie, né à Brest le 8 décembre 1879, lieutenant au 141e régiment d'infanterie.*
   B. *Elisabeth-Jeanne-Marie-Madeleine, née à Saint-Germain-en-Laye, le 19 novembre 1880, mariée à Paris (VIIIe arr.) le 8 janvier 1907, à Henri de Bronac de Vazelhes, lieutenant de vaisseau, dont postérité.*

(2) Minutes de l'étude de Me Chadefaux, notaire à Champagnac-les-Mines (Cantal).

(3) En vertu d'une ordonnance du président du tribunal civil de Mauriac, ce testament a été déposé le 2 février 1872 en l'étude de Me Alsac, notaire à Saignes (Cantal). Mademoiselle d'Orchwillers d'une famille originaire de Colmar, était la fille de l'intendant de Madame de Soye ; elle était sacristine à l'Abbaye aux Bois, à Paris, lorsqu'elle fit la connaissance de l'abbé de Bassignac. Entrée dans l'intimité de la famille, elle montra le plus grand dévouement tant à l'égard de Monsieur et Madame de Bassignac, que de l'abbé, qu'elle soigna jusqu'à sa mort.

héritière universelle, Marie-Antoinette Boug d'Orschwillers. Adelaïde-Fernande d'Anglars, sa sœur, épouse Thoury, ayant renoncé à la succession, Mademoiselle d'Orschwillers mourut à Bassignac le 28 juin 1865 (1).

E. Charles-François, né le 1er février 1820, décédé célibataire à Bassignac le 16 juillet 1841.
F. Henry-Barthélemy, né le 6 mai 1821, mort le 12 octobre suivant.
G. Marie-Joséphine, née le 18 juin 1822, morte le 1er août suivant.
H. Marie-Gabrielle, née le 13 novembre 1823, morte à Bassignac le 25 avril 1844.
I. Edmond, né le 29 septembre 1826, mort conservateur des hypothèques en retraite à Aurillac le 12 septembre 1892. Il avait épousé dans cette ville, le 1er février 1851, Jeanne-Marie, dite *Uranie* de Calonne d'Avesne (2), née à Cros, commune de St-Cernin (Cantal), le 15 août 1828, fille de Géraud et de Marie Delzangle ; elle est morte à Aurillac, le 22 avril 1885, ayant eu quatre enfants :

1° Hippolyte-Paul-Camille, né à Aurillac le 8 mars 1852, reçu le 2 février 1872 à l'Ecole militaire de Saint-Cyr où il mourut, le 19 juillet 1873.

2° Barthélemy-Claude-Fernand, né à Aurillac

---

(1) Par son testament olographe, du 8 avril 1878, déposé en l'étude de Me Alsac, notaire à Saignes, le 2 juillet 1885, en vertu d'une ordonnance du Président du Tribunal civil de Mauriac, Mademoiselle d'Orchwillers instituait comme héritière universelle Louise-Jeanne-Berthe Arnauld, épouse de Delphin-Jacques, baron de La Brousse de Veyrazet, demeurant au château te Saint-Martin des Laids, canton de Chevagnes (Allier). Ces derniers, par acte reçu Me Jules Alsac, notaire à Saignes, le 10 janvier 1898, ont vendu la propriété de Bassignac au sieur Antoine Besson.

(2) De Calonne : *D'azur, au lion léopardé de gueules, mis en chef*.

le 29 avril 1853. Entré à l'Ecole Centrale le 3 novembre 1874, il en est sorti avec le diplôme d'ingénieur des Arts et Manufactures le 7 août 1877. Il est mort célibataire à Paris le 5 mars 1887.

3º Joseph-René, né à Aurillac le 2 juin 1856, receveur de l'Enregistrement, mort au château de Montlogis, près Polminhac (Cantal), le 13 août 1886, sans alliance.

4º Marie-Hélène-Agnès-Eugénie, née à Montbrison (Loire), le 21 janvier 1866, mariée à Aurillac, le 9 janvier 1888 avec Jules-Antoine-Marie Vimal (1), né à Saint-Amand-Tallende (Puy-de-Dôme), inspecteur de l'Enregistrement, fils de Pierre-François-Ernest, directeur de l'Enregistrement et de Marie-Adrienne-Françoise Vimal, dont un fils et deux filles (2).

J. Marie-Antoinette-Sophie, née le 8 juin 1828, mariée le 23 mai 1848 avec François-Marie-Louis de Sartiges (3), né à Sourniac (Cantal), le 8 juin 1806, fils d'Antoine-François-Gilbert, comte de Sartiges, et de feue Louise-Suzanne de Chabannes. Elle est morte au château de Sourniac le 2 juillet 1881 et son mari le 7 novembre 1890, ayant eu cinq enfants (4).

---

(1) Vimal : *Tranché : au 1 de gueules, à la croisette taillée d'argent, au 2 de sinople, au sanglier d'or.*

(2) René, Amélie et Germaine Vimal.

(3) De Sartiges : *Voyez p.* 34.

(4) 1º Marie-Hélène-Jeanne, née au château de Layre, près Saignes (Cantal), le 3 février 1849, mariée à Sourniac, le 2 avril 1867, avec Jean-Baptiste-Gabriel-

K. Adelaïde-Fernande, née le 17 janvier 1831, mariée le 24 septembre 1860 avec Eugène-Paul-Thomas Thoury (1), né à Paris le 23 mars 1821, fils de Pierre-Paul et de Marie-Pélagie Delrieu. Il est mort sans postérité à Anglards-de-Salers (Cantal), le 8 septembre 1893, et sa veuve le 13 mai 1908.

L. Eugène-Léon, né le 27 février 1833, sous-lieutenant au premier régiment de cuirassiers de la Garde Impériale, marié à Montmarault (Allier) le 2 juin 1864 avec Antoinette-Aimée Malley de Rongères (2), fille d'Alexandre-Gaspard et de Marie-Célina Bichard.

Ancien maire de Montmarault (1866-1867), il est mort sans postérité à Mauriac (Cantal), le 12 novembre 1894 et sa veuve est décédée à Montma-

---

René de Ribier. Elle est décédée à Chamalières (Puy-de-Dôme), le 30 juin 1906. De ce mariage sont nés deux fils. (Cf. *Histoire généalogique de la Maison de Ribier,* pages 119-122, Paris, Champion, 1907.)

2º Louise-Henriette-Joséphine-Pauline-Fernande, née au château de Sourniac le 19 mars 1853, mariée à Sourniac le 31 janvier 1872, avec Claude-Gilbert-Emmanuel Gillet d'Auriac. Elle est morte à Paris (XIIe arr.) le 26 décembre 1909, ayant eu trois filles.

3º Augustine-Marie-Henriette, née au château de Sourniac le 21 avril 1857, mariée à Sourniac le 9 septembre 1879 avec Marc-Antoine-Henri, dit *Oscar* de Ribier. Elle est décédée à Bort (Corrèze) le 3 janvier 1902, laissant un fils et quatre filles (Cf. *Histoire généalogique de la Maison de Ribier,* p. 122-125.)

4º Gauthier-Stéphane, né au château de Sourniac le 15 juin 1858, mort le 8 mars 1859.

5º Aymon-Jean-Louis-Camille, né au château de Sourniac le 5 février 1861, marié à Saint-Bonnet-Avalouze (Corrèze), le 8 mars 1886 avec Marie-Antoinette-Louise de Meynard. — De ce mariage cinq enfants, dont deux fils et une fille actuellement vivants.

(1) Thoury :
(2) Malley de Rongères :

rault le 24 janvier 1899. Avec lui s'est éteinte la famille d'Anglars de Bassignac.

M. Marie-Radegonde-Geneviève, née le 14 août 1835, morte chez sa tante au château de Lavaur, près Mauriac le 27 janvier 1853.

TABLEAU GÉNÉALOGIQUE DE LA MAISON D'ANGLARS

BRANCHES DES SEIGNEURS D'ANGLARS, DE CHARLUS-LE-PAILLOUX, DE SAINT-VICTOUR, DE SOUBREVÈZE ET DE BASSIGNAC, 1300-1894

I HUGUES Ier d'ANGLARS, testa en 1326.

II ROBERT — EBLES — GUÉRIN — PIERRE — GUY

III HUGUES II

DAUPHINE abbesse de Bonnesaigue en 1380

IV YVES

V GOLIENNE d'ANGLARS
épouse vers 1385
Georges d'USSEL

VI ASTORG d'USSEL-ANGLARS
épouse :
1° en 1407 Dauphine d'Ussel
2° en 1418 Marguerite de Rochedagoux

JEAN seigneur de Charlus Le Pailloux, épouse Agnès de Montmorin † S. P.

VII GEORGES seigneur d'Anglars, épouse Jeanne d'ORNHAC

GALIENNE épouse Ant. de La Sayssaire

Mlle ANTOINETTE religieuse-bénédictine prieure de Champagnac en 1441

VII JEAN seigneur de St-Victour et de Soubrevèze, épouse Philippe de Laberthès

JEAN qui conserva le nom d'Ussel représenté de nos jours.

JEANNE épouse en 1484 Jacques de Vernenguol

EGLENETTE — **ISABELLE**

VII JEAN posthume, 1er seigneur de Bassignac, épouse Françoise de Bassignac

---

ANNE d'ANGLARS épouse Claude de Montusson, † 1467

VIII ANTOINE seigneur de St-Victour, épouse en 1504 Hélène de GAIN

VIII HECTOR † S. P.

VIII BERTRAND seigneur de St-Victour et de Soubrevèze, épouse en 1493 Luquos de BORT

MARGUERITE épouse en 1478 Jean MALENGUE

VIII JEAN D'ANGLARS DE BASSIGNAC épouse Anne de BALZAC

Jeanne de Montbascon épouse Louis de La Croix baron de Castries tiges des barons d'Anglars éteints au XIXe siècle.

IX JACQUES seigneur de St-Victour, épouse Anne de CONSTANT

IX ANTOINE seigneur de St-Victour † S. P.

JEANNE épouse en 1512 Guinot de Montelar

MARGUERITE d'te de Longevergne prieure de Champagnac en 1533

FRANÇOISE épouse en 1524 Charles de DIENNE

IX BERNARD épouse N...

FRANÇOISE d'ANGLARS épouse en 1575 Jacques de St-Nectaire.

X ÉTIENNE épouse en 1585 Jeanne du Châtelet

PIERRE — JEAN — LOUISE — ANNE

XI ANTOINE épouse en 1574 Antoinette de GOUZEL

ANTOINE — GILBERTE — HÉLIPS

FRANÇOISE épouse en 1582 Jacques de GIOU

XII GUY, 1578-1658 épouse en 1605 Catherine de RIBIER 1580-1656

GABRIEL

XII JEAN auteur de la branche de LA GARDE (voir tableau)

CLAUDE auteur de la branche du CHALAGNAT (voir tableau)

HÉLIPS épouse en 1612 Pètre Jehan de SURMAN

LOUIS

LOUISE épouse 1re Guéral Durnel 2e G^me Chevalerie

LOUISE épouse en 1612 Guillaume Vargas

JOSEPH assassiné en 1611

XIII FRANÇOIS épouse en 1642 Gabrielle de TAUTAL

PIERRE

ANTOINE-FRANÇOIS épouse en 1686 Catherine de LA BORDE † S. P.

ANTOINETTE née en 1617

LOUISE née en 1618

XIV ROGER épouse en 1679 Françoise TISSANDIER auteur de la branche de COMBES (Voir tableau)

GUY né en 1648

PIERRE † S. P. 1732

Phillipps-Radegonde 1749-1801 épouse en 1706 Gilbert de RIBIER

XV ANTOINE II 1683-1766 épouse en 1718 Marie-Hippolyte-Julienne de Pons † 1766

XV FRANÇOIS épouse Françoise d'Anglars de Combes (Voir tableau)

JEANNE 1687-1698

XV GUY épouse en 1724 Marie Mazeret

JEAN † S. P.

BARTHÉLEMY né en 1694 † S. P.

PIERRE 1696-1761 † S. P.

CHRISTOPHE 1697 curé de Chastel-Marlhac

Marie-Françoise 1699 supérieure du Couvent de Saler en 1780

XVI PAUL 1718-1796 épouse en 1744 Françoise Rodde

Berthélemy 1806-1724

JEAN né en 1726 épousa Maria Albertine-Joséphe de Lécleuvre † S.P.

Jacques-Hippolyte † S. P.

1° en 1775 avec Marie-Anne Carreau † S. P. 1769
2° en 1775 avec Adelaide SINSON † S. P. 1820

GUY-ANNET curé de Chastel-Marlhac † 1772

FRANÇOISE épouse en 1748 François de Saruges

FRANÇOISE religieuse à La Vassin 1781

ANTOINE † 1747 S. P.

MARIE religieuse à La Vassin

ANNE † 1808 épouse en 1758 Jean d'Auvis de Bichirand 1725-1778

GUY 1752-1765

MATHIEU-MARIE 1758

XVII BARTHÉLEMY 1754-1839 épouse en 1786 Marie-Françoise-Balbine de LA RODDE de St-HAON 1770-1811

XVII JOSEPH 1755-1822 épouse Rose SINSON † 1805

JACQUES

Jeanne-Marie-Françoise 1757-1815 épouse en 1781 Jean-Joseph de Laspinasse † 1808

MARIE-HIPPOLYTE 1769 épouse Anna-Victor Attiret - Manneville † 1854

ANTOINE 1760 - 1843 grand vicaire de Clermont-Fd

MARIE-JEANNE COLETTE 1763-1837

MARIE-JEANNE 1765-1854 chanoinesse de Coupières

XVIII PAUL-CAMILLE 1787-1868 épouse en 1811 Marie-Jeanne-Hélène de Jaubert † S. P. 1872 a Musy 1791-1864

Barthélemy-Alphonse 1797-1853 épouse en 1820 Adèle - Fernande

EUGÉNIE-ESTELLE-LAURE 1798-1857

MARIE-ROSE-ANNE D'ANGLARS 1805 épouse en 1824 Victor-Gabriel, marquis du CHASTEL 1790-1865

XIX PAUL-GUSTAVE-BARTHÉLEMY 1812-1867 épouse en 1849 Joséphine-Olympe-Claire de BOUGAINVILLE † 1892

Marie-Eugénie-Constance 1815-1888 Visitandine

CÉLINE † 1845

JEAN-PIERRE-EUGÈNE 1816-1872 prêtre

CHARLES-FRANÇOIS 1820-1841

HENRY-BARTHÉLEMY 1821

MARIE-JOSÉPHINE 1822

MARIE-GABRIELLE 1828-1844

XIX EDMOND 1826-1892 épouse en 1851 Jeanne-Marie-Uranie de Calonne d'Avesne 1828-1885

Marie-Antoinette-Sophie, 1828-1881 épouse en 1848 François-Marie-Louis comtes de Barfignes 1806-1890

Adélaïde-Fernande 1831-1908 épouse en 1860 Eugène-Paul Thomas Thoury 1821-1893 † S. P.

EUGÈNE - LÉON 1833-1894 épouse en 1864 Antoinette-Aimée Mailey de Rongères † S. P. 1899

Marie-Radegond Geneviève 1885-186.

XX FERNAND 1850

BÉATRIX

BÉATRIX 1855-1856

ROLLON

Hyacinthe-Joséphe-Louise-Marie-Anne 1867 épouse en 1879 Louis-Albert-Victor Despréaux de Saint-Sauveur † 1910

XX HIPPOLYTE-PAUL-CAMILLE 1852-1873

Barthélemy-Claude-Fernand 1856-1887

JOSEPH-RENÉ 1856-1886

MARIE-HÉLÈNE-AGNÈS EUGÉNIE, 1866 épouse en 1888 Jules-Antoine-Marie VIMAL.

BRANCHE DE LA GARDE

XII

Jean d'Anglars, troisième fils d'Antoine, seigneur de Bassignac, et d'Antoinette de Gouzel, épousa par contrat du 24 novembre 1620 devant Degoutz, notaire, Françoise de Maslaurent (1), fille de François et de Catherine de Textoris, habitant Veyrières (2).

De ce mariage naquirent cinq enfants :

A. Claude, qui suit.
B. Françoise, mariée par contrat du 4 janvier 1638, avec Jean-Gabriel de Sartiges (3), écuyer, seigneur de Lavendès, fils de Charles et de Jeanne de Textoris. Le mariage ne fut célébré que plus tard, les futurs époux n'ayant pas encore atteint l'âge de puberté (4).
C. Hippolyte, mariée par contrat du 5 décembre 1638 avec Arnaud du Bouchut (5) fils de François, seigneur d'Apchier et du Mont, et de Jeanne de Villebœuf.
D. Antoinette, mariée avec Balthazar de Pons de La Grange (6), fils de Louis, seigneur de Rochecharles et du Roquet, et de Jeanne de Chavagnac, sa première femme (7).

---

(1) De Maslaurent :

(2) Veyrières : Chef-lieu de commune du canton de Saignes (Cantal).

(3) De Sartiges : Comme page 34.

(4) *Archives généalogiques de la Maison de Sartiges* : n° 172.

(5) Du Bouchut : *D'argent, à trois têtes de maures de sable, tortillées d'or.*

(6) De Pons de La Grange : Voyez p. 30.

(7) *Archives généalogiques de la Maison de Sartiges:* n° 182.

— 53 —

E. Catherine (1).

Après la mort de Jean d'Anglars, sa veuve, Françoise de Maslaurent, épousa par contrat du 4 janvier 1638 Jean de Sartiges de Lavendès, fils de feu Claude et de Geneviève de La Gane, et oncle de Jean de Sartiges qui le même jour épousait Françoise d'Anglars, fille de la dite Françoise de Maslaurent (2).

XIII

Claude d'Anglars, écuyer, épousa par contrat passé au château de Saint-Angeau, près Riom-ès-Montagnes, le 23 décembre 1663, Marie de Tautal (3), dame de La Garde (4), fille de Jacques et de Jeanne de Joucoux et

---

(1) *Archives généalogiques de la Maison de Sartiges*, n° 182.

(2) *Ibidem*: n° 172. Le contrat est double et ne forme qu'un seul et même acte. Il fut *passé en la ville de Saignes, hôtel de M. le comte de Charlus, en sa présence, en celle de son épouse, etc...*, par *Pierre Chavialle, notaire du baillage royal des montagnes d'Auvergne, au siège de Salers*.

(3) De Tautal : Comme page 24.

(4) La Garde : *Château et hameau de la commune de Collandres, canton de Riom-ès-Montagnes* (Cantal). C'était en 1337 le chef-lieu d'un fief appartenant à Bertrand de La Garde, habitant de Collandres. En 1441, Etienne de La Fage en était possesseur. Environ un siècle plus tard, en 1585, nous trouvons que Guillaume de Joucoux et Pierre de Douhet, époux de Jeanne Deflique, ce dernier du chef de sa femme, étaient coseigneurs de La Garde ; Louis Joncoux et Jacques Deflisque, marié à Jeanne de Murat, se partageaient la dite seigneurie en 1664. Leur fille, Jeanne Deflisque, veuve de Pierre Rodde était en procès l'année précédente avec Pierre Deflisque et Jeanne Comolet, son épouse, au sujet de La Garde. La fille de Louis de Joucoux, Jeanne, épousa Jacques de Tautal, avocat en parlement, fils de Pierre, juge de Menet, Marie de Tautal, leur fille, apporta en dot, la coseigneurie de La Garde à Claude d'Anglars. — Pierre Deflisque eut plusieurs enfants : Antoine, Jacques et Jeanne. Cette dernière resta attributaire de la coseigneurie de La Garde, elle l'apporta en dot à Pierre Chappe, de Marcombes (Menet), leur fille, Toinette Chappe devint la femme de Pierre Bouchy, notaire à Lieuchy (Trizac), enfin Marguerite Bouchy, fille de ces derniers, épousa le 28 mai

petite-fille de Louis de Joucoux, seigneur de La Garde (1).

Il testa à Menet, conjointement avec sa femme, le 25 septembre 1674, avant de se rendre à la convocation du ban, dont il revint avec un certificat honorable, délivré à Langres, le 1er décembre suivant par le marquis d'Alègre, sénéchal d'Auvergne (2).

Claude d'Anglars avait été maintenu dans sa noblesse le 15 décembre 1666 par M. de Fortia, intendant d'Auvergne, en même temps que François d'Anglars, seigneur de Bassignac (3).

Claude laissa deux enfants :

A. Pierre, qui suit.

B. Marie, célibataire, le 25 septembre 1674.

François de Sartiges, leur oncle, curé de Sauvat, devint leur tuteur après la mort de leurs parents, survenue avant 1686 (4).

XIV

Pierre d'Anglars, écuyer, seigneur de La Garde, sous-lieutenant au régiment de Milice d'Auvergne, dit de *Cotteuge*, compagnie de Bourelliac, par brevet du 11 juillet 1687 (5), capitaine par brevet donné à Versailles le 1er janvier 1689 (6), épousa par contrat passé à Veyrières le 2 octobre 1694 (7), Françoise de Sartiges, fille de Charles, sieur de Fondonnet, et de Catherine Pigot.

1754 Claude II d'Anglars, déjà coseigneur de La Garde, qui réunit ainsi toute cette seigneurie sur sa tête. (De Ribier du Châtelet : *Dict. du Cantal,* III, 217, et Archives du P.-de-D., *Fonds Ribier-Sartiges.* Liasses 1, 37 et 39.)

(1) Arch. du P.-de-D. *Fonds Ribier-Sartiges.* Liasse 39.

(2) Arch. du P.-de-D. *Fonds Ribier-Sartiges.* Liasse 39.

(3) *Ibidem.*

(4) *Ibidem* : Liasse 41.

(5) *Ibidem* : Liasse 39.

(6) Archives de Ribier : *Liasse Bassignac.*

(7) Arch. du P.-de-D. *Fonds Ribier-Sartiges.* Liasse 39. — De Sartiges : Voyez p. 34.

De ce mariage :

A. François qui suit.
B. Marie-Catherine, née à La Garde, le 25 mars 1700.
C. Marie-Anne.
D. Madeleine.

Toutes trois religieuses au couvent de Mauriac, furent dotées par leurs père et mère le 9 août 1737, devant Lacoste, notaire (1).

E. Catherine, mariée avec Jean de Faucher, de Roche Salesse, paroisse de Saint-Hippolyte, fils d'autre Jean ; leur fille Madeleine épousa Jean de Chazelles d'Œillet (2).
F. César, marié avec Jeanne Raoux, qui étant veuve, épousa le 12 août 1761, Pêtre-Jehan de Ribier de Tautal, écuyer, sieur de Gorce, fils d'autre Pêtre-Jehan et de Catherine de Chavaroche (3).

XV

François d'Anglars, écuyer, seigneur de La Garde, épousa par contrat du 10 février 1720, Marguerite Bertrandy (4), fille de feu Jean, docteur en médecine à Salers, et d'Anne Gigaud (*Jean Gros, notaire à Salers*). Elle mourut à Veyrières le 27 janvier 1761 et François d'Anglars le 3 octobre 1763, âgé de 68 ans.

Ils avaient eu onze enfants tous nés à La Garde à l'exception de Claude :

A. Claude, qui suit.
B. Pierre.
C. Marie, née le 25 mai 1729.
D. Louis, dit *Léger*, né le 30 juillet 1730, reçut comme

---

(1) Archives du Puy-de-Dôme : Liasses 8 et 37.

(2) *Généalogie manuscrite des de Chazelles, par de Ribier du Châtelet*. Arch. du P.-de-D. *Fonds Ribier-Sartiges*. Liasse 1.

(3) Histoire généalogique de la Maison de Ribier, p. 108.

(4) Bertrandy : *D'or, à un arbre de sinople, adextré d'un lion de pourpre grimpant*. (Arch. du Rhône, H. 113, f° 669).

titre clérical le 12 septembre 1750, une rente de cent livres sur le domaine de Veyrières (1).

E. Anne, née le 30 août 1731, religieuse au couvent de Salers en 1756 (2).

F. François-Emmanuel, né le 24 mai 1734.

G. Madeleine, née le 16 juin 1735.

H. François, né le 8 février 1738. Il entra dans les ordres, d'abord vicaire à Artonne (3), en 1767, puis à Bromont-Lamotte (4), il devint curé de Saint-Martin-Cantalès le 17 septembre 1772, par résignation de Pierre Chablat (5), et prit possession le 1er février 1773 (6). Le 8 février 1775 il fut pourvu des deux vicairies de Notre-Dame et des Saints-Innocents, fondées en l'église du monastère de Mauriac et il en prit possession le 22 mars suivant devant Jean Lacoste, notaire (7). Elu membre de l'Assemblée provinciale d'Auvergne en 1787 (8), François d'Anglars mourut à Saint-Martin-Cantalès, le 20 décembre 1789.

I. Marie-Anne, née le 9 septembre 1740, elle était religieuse à Salers en 1756 (9).

J. Marie-Louise, dite *Rose*, jumelle de la précédente, mariée à Antoine Lemmet, sieur d'Auteil, paroisse d'Apchon, fils de Bernard et d'Elisabeth Comolet, dont postérité.

---

(1) Arch. du P.-de-D. *Fonds Ribier-Sartiges*. Liasse 34.

(2) *Ibidem* : Liasses 1 et 28.

(3) Artonne : Canton d'Aigueperse, arrondissement de Riom (Puy-de-Dôme).

(4) Bromont-Lamotte : Canton de Pontgibaud, arrondissement de Riom (Puy-de-Dôme).

(5) Arch. du P.-de-D. *Fonds Ribier-Sartiges*. Liasse 11.

(6) *Ibidem* : Insinuations ecclésiastiques. Registre 161, f° 142.

(7) Arch. de Ribier : *Titre original en latin, scellé* ; et Dr de Ribier : *La Chronique de Montfort sur Mauriac*, etc., p. 175. Note 1. — Paris. Champion. 1905.

(8) De Ribier du Châtelet : *Dict. du Cantal*, IV, 285.

(9) Arch. du P.-de-D. *Fonds Ribier-Sartiges*. Liasses 1 et 28.

K. Anne, née le 5 juin 1745.

Toutes les filles furent dotées deux mille cinq cents livres (1).

XVI

Claude II d'Anglars, écuyer, seigneur de La Garde, naquit à Veyrières le 4 mars 1723 (2). Il épousa, le 28 mars 1754, Marguerite Bouchy, fille de Pierre, notaire royal, demeurant à Lieuchy, paroisse de Trizac (Cantal), juge d'Auzers, Marlat, Valens, Lascombes, et de Toinette Chappe (3).

Ils eurent huit enfants, tous nés à La Garde.

A. François, qui suit.

B. Marguerite, née le 6 juin 1756, mariée avec Antoine Serre d'Aurillac. Elle vivait encore le 29 décembre 1790 (4).

C. Marguerite, née le 28 août 1757.

D. Catherine, dite *Marie*, née le 17 septembre 1758, religieuse de Saint-Dominique au couvent de Mauriac, elle habita Collandres durant la Révolution et mourut au Sedour près Riom-ès-Montagnes, le 26 avril 1839 (5).

E. Isabeau, dite *Madeleine*, née le 6 septembre 1759.

F. Jacques-Antoine, né le 16 octobre 1760, marié à Collandres, le 15 décembre 1785 avec Jeanne de Tournemire (6), fille de feu Gabriel et de Ga-

---

(1) Arch. du P.-de-D.: Liasse 37.

(2) *Ibidem*: Liasse 39.

(3) *Ibidem*: Liasse 8.

(4) Arch. du P.-de-D. *Fonds Ribier-Sartiges*. Liasse 37.

(5) *Ibidem*: Liasse 11 et Arch. du Cantal. Série Q.

(6) De Tournemire: *D'or, à trois bandes de sable, au franc-*

(8) De Tournemire: *D'or, à trois bandes de sable, au franc-quartier d'hermine et à la bordure de gueules chargée de onze besants d'or.*

brielle Deydier, habitants Pépanie, paroisse d'Anglards-de-Salers (1). Il en eut deux enfants :

1º Marie-Antoinette, née à Veyrières le 12 octobre 1786, mariée le 18 février 1806 avec François-Amable de Soualhat de Fontalard (2), de Lempret, né le 30 janvier 1781 et fils de Jean-Baptiste et de Marie-Louise-Charlotte-Euphémie du Buysson. Elle est décédée le 1er juillet 1833 et son mari est mort à Veyrières, le 30 décembre 1840, laissant plusieurs enfants :

2º François, né à Veyrières le 29 mai 1788, mort le 4 mai 1789.

Jacques-Antoine d'Anglars mourut à Veyrières le 16 août 1833. Il avait épousé en secondes noces Marguerite de Soualhat de Fontalard.

G. Charles-Joseph, né le 18 avril 1762.

H. Marie-Marguerite, dite *Marianne*, née le 6 juin 1763. Elle prit le voile au couvent de Salers le 30 mai 1780 (3).

XVII

François II d'Anglars, écuyer, né à La Garde le 25 mai 1755, épousa le 4 juin 1783, Pérette-Jeanne Valette de Rochevert (4), fille de Jean-François-Pierre, seigneur de Bosredon et de Marie-Perette de Chardon des Roys. Il en eut deux enfants :

---

(1) Arch. du P.-de-D. *Fonds Ribier-Sartiges*. Liasse 39 et *Insinuations civiles*, Registre 286, p. 63.

(2) De Soualhat de Fontalard : *De gueules, au chevron d'or, accompagné de trois rencontres de cerfs de même : 2 et 1.*

(3) Arch. du P.-de-D. *Fonds Ribier-Sartiges*. Liasse 11.

(4) Valette de Rochevert : *Ecartelé : aux 1 et 4 d'azur à une épée d'argent posée en pal, accompagnée de trois rocs de gueules en chef ; aux 2 et 3 d'azur au sautoir engrelé d'or, à la bordure engrelée de même.*

A. Claude-Pierre, qui suit.

B. Marie-Pérette-Jeanne, née à Veyrières le 7 août 1785, mariée à Collandres, le 9 messidor an X, (28 juin 1802) avec Philippe-Balthazar de La Vaissière (1) né le 25 mai 1773, fils d'Antoine-Joseph et de Marguerite de Chazelles. Il est décédé à La Vergne (Saint-Saturnin) le 11 février 1840. Sa femme, Marie-Pérette-Jeanne d'Anglars était morte le 26 septembre 1827 ayant eu dix enfants.

Pérette-Jeanne Valette de Rochevert mourut à Veyrières le 11 septembre 1785 à l'âge de 22 ans.

François d'Anglars avait été maire de Collandres durant la période révolutionnaire. Il mourut à Collandres le 29 thermidor, an VIII (17 août 1800) à l'âge de 48 ans.

XVIII

Claude-Pierre d'Anglars, baptisé à La Garde le 17 novembre 1783, épousa à Riom-ès-Montagnes le 4 Vendémiaire, an XIII, Michelle-Jeanne-Marie-Henriette de Chabannes-Sauvat (2) née au Sedour, près Riom-ès-Montagnes, le 25 juillet 1785, fille de Jean-François et de Marie Galvaing. Le contrat fut reçu par de Murat, notaire, le 25 septembre 1804. Claude-Pierre d'Anglars mourut au Sedour, le 30 juin 1851, sa femme était décédée le 14 juin 1818, ils avaient eu cinq enfants, tous nés au Sedour :

A. Marie-Antoinette-Hortense.

B. Claudine-Pérette-Elisabeth, née le 10 messidor An XIII (29 juin 1805), morte le 2 septembre 1823.

C. Jean-François-Pierre-Alphonse, né le 29 janvier 1806, mort célibataire le 15 juin 1834.

---

(1) De La Vaissière : *D'azur, au coudrier d'or, à une cotice de gueules brochant sur le tout, au chef cousu de gueules, chargé de trois molettes d'éperon d'or.*

(2) De Chabannes-Sauvat : *De gueules au lion d'hermine, lampassé, armé et couronné d'or, à la barre de sable brochante.*

D. Aglaée-Marie-Philippine, née le 10 février 1808, mariée le 2 février 1837 avec Marc-Antoine-Théophile de Ribier (1), né au château de Tautal-Haut (Menet), le 24 décembre 1801, fils aîné de Pierre-Gabriel-Eugène et de Marie-Hippolyte de Ribier de Chavaniac. Ils eurent une fille, Marie-Eugénie de Ribier, née au Sedour le 6 novembre 1838, morte le 4 mai suivant. Sa mère Aglaée d'Anglars, mourut quelques jours après elle, le 18 mai 1839. Par son testament olographe du 6 février 1838 elle institua son mari comme légataire universel (2).

E. Jean-Pierre, né le 1er février 1810.

---

(1) De Ribier : Voyez p. 23.
(2) René de Ribier : *Une branche bâtarde de la Maison de Chabannes* : Les Chabannes-Sauvat, p. 32. — Paris, Champion, 1910. — Plusieurs erreurs de dates ont échappé à l'auteur lors de la correction des pages 31 et 32 de cette étude : 1585 pour 1785. — 1804 pour 1803, etc.

BRANCHE DES SEIGNEURS DE LA GARDE

XII JEAN D'ANGLARS, troisième fils d'ANTOINE, seigneur de Bossignac, et d'Antoinette de GOUZEL
épousa en 1620, Françoise de MASLAURANT

XIII CLAUDE épousa en 1663 Marie de TAUTAL	FRANÇOISE épousa en 1638 Jean-Gabriel de SARTIGES	HIPPOLYTE épousa en 1638 Arnaud du BOUCHUT	ANTOINETTE épousa BALTHAZARD DE PONS DE LA GRANGE	CATHERINE					
XIV PIERRE Seigneur de La Garde épousa en 1694 Françoise de SARTIGES	MARIE								
XV FRANÇOIS Seigneur de La Garde, † 1763 épousa en 1724 Marguerite BERTRANDY, † 1761	MARIE-CATHERINE née en 1700 Religieuse à Mauriac	MARIE-ANNE Religieuse à Mauriac	MADELEINE Religieuse à Mauriac	CATHERINE épousa Jean de FAUCHER	CÉSAR épousa Jeanne RAOUX				
XVI CLAUDE II Seigneur de La Garde, 1725 épousa en 1754 Marguerite BOUCHY	PIERRE	MARIE née en 1729	LOUIS-LÉGER né en 1730	ANNE née en 1731 religieuse à Salers	FRANÇOIS-EMMANUEL né en 1734	MADELEINE née en 1735	FRANÇOIS 1738-1789, curé de St-Martin-Cantolès	MARIE-ANNE née en 1740, religieuse à Salers	MARIE-LOUISE-ROSE née en 1740 épousa Antoine LEMMET	ANNE née en 1745
XVII FRANÇOIS II Seigneur de La Garde, 1755-1800 épousa en 1783 Pérotte-Jeanne VALETTE de ROCHEVERT, † 1786	MARGUERITE 1756, épousa Antoine SERRE	MARGUERITE né en 1757	CATHERINE-MARIE 1758-1839 religieuse à Mauriac	ISABEAU-MADELEINE née en 1780	XVII JACQUES-ANTOINE 1760-1833, épousa : 1° en 1785 Jeanne de Tournemire 2° Marguerite de Soualhat de Fontalard † S. P.	CHARLES-JOSEPH né en 1762	MARIE-MARGUERITE-MARIANNE née en 1763, religieuse à Salers			
XVIII CLAUDE-PIERRE Seigneur de La Garde, 1783-1851 épousa en 1804 Michelle-Jeanne-Marie-Henriette de CHABANNES-SAUVAT	MARIE-PÉROTTE-JEANNE 1785-1837 épousa en 1802 Philippe - Balthazar de LA VAISSIÈRE				MARIE-ANTOINETTE 1786-1893, épousa en 1806 François-Amable de SOUALHAT de FONTALARD, 1781-1840	FRANÇOIS 1788 - 1789				
MARIE-ANTOINETTE-HORTENSE	CLAUDINE-PÉROTTE-ELISABETH 1805-1853	XIX JEAN-FRANÇOIS-PIERRE-ALPHONSE, 1806-1854		AGLAÉ-MARIE-PHILIPPINE 1808-1839, épousa en 1837 Marc-Antoine-Théophile de RIBIER	JEAN-PIERRE né en 1810					

BRANCHE DE CHALANIAT

XII

Claude d'Anglars, écuyer, seigneur du Rieu, cinquième fils d'Antoine, seigneur de Bassignac et d'Antoinette de Gouzel, épousa le 18 juin 1608, Guyotte Chandezon (1).

Il servit en qualité de chevau-léger dans la compagnie de Varilette (*Murat-Rochemaure*), suivant son congé du 3 octobre 1635 (2).

Il laissa :

A. François, qui suit.

B. François II, seigneur de La Coste, maintenu dans sa noblesse, par ordonnance de l'Intendant d'Auvergne de Fortia, en date du 13 juin 1668 (3).

XIII

François d'Anglars, écuyer, seigneur de Chalaniat (4), fut comme son père, chevau-léger dans la compagnie de Varilette, suivant certificats des 1er juillet 1639 et 6 mai 1640. Il fut maintenu dans sa noblesse, ainsi que son frère, le 13 juin 1668, « et *reconnu pour être de la famille de Claude d'Anglars, marié à La Garde* (Collandres) » (5). Il épousa en premières noces le 12 septembre 1652, Louise de La Bachellerie (6), fille de Jean,

---

(1) Chandezon :

(2) Arch. du P.-de-D. *Fonds Ribier-Sartiges*. Liasse 2.

(3) *Ibidem*, C. 1494.

(4) Chalaniat : Fief situé dans la commune de Mazoires, canton d'Ardes, arrondissement d'Issoire (Puy-de-Dôme).

Nous n'avons pu savoir si la terre de Chalaniat fut apportée à la famille d'Anglars, par le mariage de Guyotte Chandezon, en 1608, ou par celui de sa belle-fille Louise de La Bachellerie, en 1652.

(5) Bibl. de Clermont-Ferrand, ms., 550.

(6) De La Bachellerie : *De gueules, au lion rampant d'or, à trois barres de sable brochant.*

écuyer, seigneur de Buges, paroisse de Mazoires, et de Louise du Bouchet et en eut un fils qui suit.

François d'Anglars épousa en secondes noces, le 30 mai 1686, Claudine de Vertamy (1), veuve de Jean-André d'Aurelle de Terreneyre (2). Il n'en eut pas d'enfants.

XIV

Guy d'Anglars, écuyer, seigneur de Chalaniat, épousa le 14 juillet 1681 Catherine du Fayet (3) fille de François seigneur de La Borie, et de Louise de Tautal. Au contrat passé devant Mathieu, notaire à Saint-Vincent, assistèrent François d'Anglars, seigneur de La Coste ; Roger et Guy d'Anglars, seigneurs de La Barandie et du Rieu, ses parents (4). Il ne paraît pas avoir laissé d'enfants et vendit le fief de Chalaniat à Mathieu Rodde, riche bourgeois d'Ardes (5).

---

(1) De Vertamy : *D'azur, au chevron d'argent, entravaillé de trois fasces de même.*

(2) Arch. du P.-de-D. *Présidial de Clermont*. Liasse 344, et Bibl. nat. Ms. fr. 30.273. *Carrés d'Hozier*, 44, f° 287. Le premier mariage de Claudine de Vertamy avait eu lieu le 16 août 1656.

(3) Du Fayet : *D'azur, à la tour crénelée d'argent, ajourée de sable, adextrée d'un croissant d'argent et senextrée d'une étoile d'or.*

(4) Arch. du P.-de-D. *Insinuations civiles*. Registre 167, f° 93.

(5) Tardieu : *Dict. du Puy-de-Dôme*. p. 109.

BRANCHE DES SEIGNEURS DE CHALANIAT

XII   CLAUDE D'ANGLARS, seigneur du Rieu, cinquième fils d'ANTOINE, seigneur de Bassignac et d'Antoinette de GOUZEL, épousa en 1608, Guyotte CHANDEZON.

XIII. FRANÇOIS	FRANÇOIS
Seigneur de Chalaniat	*Seigneur de La Coste*
épousa :	† S. P.

1° en 1652	2° en 1686
Louise de LA BACHELLERIE	Clauderie de VERTAMY
	† S. P.

GUY
Seigneur de Chalaniat
épousa en 1681
Catherine DU PAYET DE LA BORIE
† S. P.

BRANCHE DE COMBES ET DE SAINT-SATURNIN
XIV.

Guy d'Anglars, écuyer, seigneur du Rieu, second fils de François, seigneur de Bassignac, et de Gabrielle de Tautal, naquit à Bassignac le 22 décembre 1648 et fut baptisé le 12 août suivant. Il servit dans le régiment de La Ferté-Senneterre, où il était enseigne en 1666. Le 29 novembre 1683, par contrat passé à Allanche, il épousa Jeanne de La Vaissière (1), fille de Béraud, seigneur de Saint-Saturnin, Combes, Lavergne, etc., et de Marguerite Dufour. Le futur se constitua en dot les onze mille livres qu'il avait reçues lors du mariage de Roger d'Anglars, son frère aîné, le 3 novembre 1679, et la future lui apporta le château et la terre de Combes (2), ainsi que la seigneurie de Saint-Saturnin (3).

En 1693, Guy d'Anglars se rendit à la convocation du ban ; en revenant de Murat où avait eu lieu la *montre*, il fit une chute de cheval et se cassa une cuisse et un bras (4).

Il eut sept enfants, donc cinq nés à Combes :

---

(1) De La Vaissière : Voyez p. 59.

(2) Combes : Hameau et château, près du bourg de Saint-Saturnin, chef-lieu de commune du canton d'Allanche, arrondissement de Murat (Cantal).
Antoine de Salesse, époux de Gabrielle Comolet en était seigneur en 1559. Jacques de Salesse échangea cette seigneurie en 1639 avec Claude de La Vaissière. Enfin Béraud de La Vaissière la donna en dot à sa fille Jeanne en 1683. — Saint-Saturnin était une seigneurie relevant du comté d'Aubijoux. Elle appartenait primitivement aux seigneurs de Peyrelade ; Jean et Guy de Salesse la cédèrent à Guyon de Gouzel. Pierre de Douhet l'acquit de ce dernier pour le prix de neuf mille livres en 1573. Un autre Pierre de Douhet la vendit en 1617 à Béraud de La Vaissière, moyennant douze mille cinq cents livres ; celui-ci la donna en dot à sa fille Jeanne, en même temps que Combes. (De Ribier du Châtelet : *Dict. du Cantal*, V. 284.

(3) Arch. du P.-de-D. *Insinuations civiles*. Registre 171, f° 186.

(4) *Ibidem* : C. 4.766 et notes manuscrites de M. de Ribier du Châtelet.

A. Roger, mort le 20 décembre 1720.
B. Marguerite, née le 15 juin 1695.
C. Christophe, né le 26 juillet 1696.
D. Françoise, née en 1698, morte sans aillance au château de Combes le 4 mai 1765 et inhumée dans le chœur de l'église de Saint-Saturnin.
E. Françoise qui suit :
F. Barthélemy, marié en 1728 avec Jeanne Boyer de Mézeral (1).
G. Françoise, née à Lavergne le 4 octobre 1707, morte le 28 octobre 1717.

XV

Françoise d'Anglars, née à Combes le 13 septembre 1699 épousa le 16 octobre 1722 François d'Anglars, écuyer seigneur de Nouzerolles, son cousin germain, fils de Roger (2), seigneur de Bassignac et de Françoise Tissandier, qui devint ainsi seigneur de Combes à la mort de son beau-père.

Françoise d'Anglars mourut le 30 mars 1761, âgée de 77 ans, et François d'Anglars, son mari, le 30 novembre suivant, ils furent l'un et l'autre inhumés dans l'église de Saint-Saturnin et laissèrent :

A. Barthélemy, qui suit.
B. Antoine, né le 5 janvier 1729, marié le 29 octobre 1766 avec Catherine Gros (3), fille d'Alexis, sieur de Foyt, avocat, et de Marianne Tissandier, habitant le village de Bouisse (Anglards-de-Salers) ; le mariage se fit au château de Chavaniac, près Sauvat. Antoine d'Anglars conserva la seigneurie de Combes et mourut sans postérité.

XVI

Barthélemy d'Anglars, écuyer, seigneur de Saint-Satur-

---

(1) Boyer de Mézeral :
(2) Arch. du P.-de-D. *Insinuations judiciaires de Riom.* Registre 92, f° 116.
(3) Gros de Foyt :

nin, naquit au château de Combes le 11 avril 1724 ; il épousa en 1756 Jeanne Neyron (1), fille de Joseph, seigneur de Chirouzes et d'Anne Baraduc, dont :

A. François, qui suit.
B. Françoise-Catherine, née à Combes le 8 janvier 1759, mariée le 18 juin 1785 avec Michel-Henri Ferrand de Fontorte (2), né à Riom le 24 janvier 1753, officier de cavalerie au régiment de Royal-Navarre, fils de Michel-Amable et de Jeanne-Antoinette de Rehès de Sampigny. Elle mourut à Riom le 25 avril 1790 laissant un fils (3). Son mari vendit Combes en détail en 1805.
C. Françoise-Marie, née à Combes, baptisée le 14 mai 1763, morte à Prunet et inhumée dans le chœur de l'église de Saint-Saturnin le 18 avril 1764.

Jeanne Neyron, sa mère, mourut le 19 mai suivant et fut inhumée auprès d'elle.

Barthélemy d'Anglars acquit en 1767 la seigneurie du Monteil, de Charles de Fontanges et mourut à Combes le 28 août 1783.

XVII

François d'Anglars, écuyer, né à Combes le 29 juillet 1757, seigneur de Saint-Saturnin et du Monteil, était mousquetaire dans la compagnie de Montboissier. Il dut mourir célibataire, le dernier mâle de sa race.

---

(1) Neyron : *De gueules, au sautoir d'argent, accompagné de quatre étoiles de même.*

(2) Ferrand : *D'or, au lion de sable, lampassé et armé de gueules, écartelé d'azur, à trois coquilles d'or.*

(3) François Ferrand de Fontorte, baptisé à Riom le 3 novembre 1788, marié en 1813, avec Pauline Arnauld, dont il eut : 1º Charles, mort célibataire à Paris en 1864 ; 2º Alphonse Ferrand de Fontorte, né en juillet 1830, marié le 6 juillet 1854 avec Alice de Fretat, mort à Cellule (Puy-de-Dôme) le 1er mai 1893, ne laissant qu'une fille, Eliane, mariée à Raoul Diximier de La Brunetière, dont postérité.

BRANCHE DES SEIGNEURS DE COMBES & DE St-SATURNIN. — 1648

XIV. GUY D'ANGLARS, second fils de François d'ANGLARS DE BOSSIGNAC et de Gabrielle de TANTAL, né en 1648, épousa en 1683, Jeanne DE LA VAISSIÈRE, dame de Combes et de St-Saturnin.

ROGER † 1720	MARGUERITE née en 1695	CHRISTOPHE né en 1696	FRANÇOISE 1698-1765	XV. FRANÇOISE 1699-1761, épousa en 1722 François d'ANGLARS DE BASSIGNAC sieur de Nouzerolles	XV. BARTHÉLEMY épousa en 1728 Jeanne BOYER DE MÉZERAL † S. P.	FRANÇOISE 1707-1717
				XVI. BARTHÉLEMY 1724-1788, épousa en 1756 Jeanne NEYRON DE CHIROUZES † 1764.	XVI. ANTOINE 1729, épousa en 1766 Catherine GROS DE FOTT † S. P.	
			XVII. FRANÇOIS né en 1724. *(mort célibataire)*	FRANÇOISE-CATHERINE 1759-1790, épousa en 1785 Michel-Henri FERRAND DE FONTORTE, né en 1759.	FRANÇOISE-MARIE 1763-1764.	

www.ingramcontent.com/pod-product-compliance
Lightning Source LLC
LaVergne TN
LVHW021004090426
835512LV00009B/2059